U0138990

文創與城市

論臺灣文化創意產業與城市文創觀光

Culture, Creativity, and City

On Taiwan Cultural and Creative Industries and Urban Cultural and Creative Tourism

———————————— 蘇明如—著

南學術叢刊

文創、城市、高雄學

　　明如自2012年任教於我們實踐大學文化與創意學院觀光管理學系以來，著書不斷，2014年出版《文化觀光》（五南）大專院校教學用書、2015年出版《老產業玩出新文創——臺灣文創產業與聚落文化觀光誌》（晨星）坊間大眾讀物，各有千秋。

　　明如的專業背景為藝術管理與文化政策，並於高雄市政府、民間文創公司，產官學界之文化創意產業暨觀光領域工作十餘年，現出版學術研究專著《文創與城市——論臺灣文化創意產業與城市文創觀光》，除了對風行臺灣的「文化創意產業政策」做一政策前溯、背景、法制化脈絡梳理，並聯結聯合國教科文組織（UNESCO）如「創意城市」、「文化多樣性」等議題闡述。

　　值得肯定的是，其特意將案例分析聚焦於實踐大學高雄校區所在之臺灣工業大城「高雄市」，從人文歷史脈絡、人才與空間政策、博物館展演設施等文創面向，探討文創觀光與創意城市之高雄城市治理，認真經營臺灣在地研究，不啻為增添學界對於「高雄學」文化領域之研究文獻，余樂見其耕耘有成，特予以推薦。

謝孟雄

實踐大學董事長／教授

文創產、創意城市與多樣性

　　臺灣文創產在政策的推展之下，明確標示十五項加一項的內容，並在創意與競爭中歸納了環境的優勢，其中包括政府的決心、優秀的文創產人才、多元文化的融合、創新與專利的發明、行銷能力、華人市場為前導，以及民主自由與世界同步等等相關條件，都為文創產開啟實踐的大門，加上國際資訊與技術的優勢，作為文創產的推展力量，將是臺灣實力的展現與希望。

　　明如的新作《文創與城市——論臺灣文化創意產業與城市文創觀光》，除回溯她長期浸沉的臺灣文化創意產業政策理念與實踐外，更思考提問：「我們為何要關注文化創意產業？」其研究探討認為「文化多樣性（cultural diversity）」才是其間真意。

　　明如以其文化政策研究背景，近年在實踐大學文創學院觀光管理學系任教，試圖聯結文創觀光思考角度，聚焦於臺灣代表性重工業城市高雄作為案例，從高雄市文化治理，來思考文創產與城市轉型的若干議題，研究發現國際間「創意城市」論述亦強調「多樣性」，可作為臺灣城市借鏡，其研究創見可望添補臺灣文創產政策與在地高雄文化研究版圖之缺頁，殊為難得，故親筆推薦。

國策顧問、前國立臺灣藝術大學校長暨行政院政務委員

自 序

　　《文創與城市——論臺灣文化創意產業與城市文創觀光》一書，為研究者近年對文化創意產業、觀光與創意城市之研究專著，除針對文化創意產業及創意城市探討外，並以臺灣代表性工業城市高雄市試圖轉型文創觀光發展為案例分析。全書分上卷、下卷，共九章：

　　上卷「文化創意產業、文化多樣性、創意城市論述」，包括第一章〈導論〉、第二章〈政策背景與回溯：從文化產業到文化創意產業〉、第三章〈臺灣文化創意產業政策分析（2002-2010）〉、第四章〈創意城市與多樣性〉。

　　下卷「案例分析：文創觀光之高雄城市治理」，含括第五章〈前溯高雄文化治理脈絡（2010年之前）〉、第六章〈縣市合併後高雄市文創產業與觀光觀察（2011年至今）〉、第七章〈論文創設計人才與文創園區空間政策〉、第八章〈論博物館文化展演設施政策〉；而最後一章第九章〈結論與建議：開展文化多樣性，打造城市創意氛圍〉則為通篇研究總結。

　　這本研究專著終能問世，首先感謝實踐大學謝孟雄董事長與恩師黃光男校長慷慨賜序推薦，以及實踐大學高雄校區諸位師長先進的鼓勵提攜，很是感激！感謝摯愛的長輩們，爸、媽、姨、舅、弟家人的關愛與好友們的勉力督促，以及轉任教職四年多來學生們的善意交流！特別感謝五南圖書出版公司審查委員，以及黃惠娟主編的促成與編輯群的用心，使本書能收錄於「五南當代學術叢刊」，順利付梓出版。

　　臺灣文創政策的開展與高雄城市轉型的篳路藍縷，一路參與，思考與實踐，點點滴滴。初心恆在，仍有太多議題等待進一步深入探究，期盼本書能拋磚引玉，與跨領域先進持續研討與行動，使文創與城市的「多樣性」此一研究關注，更有深度與溫度。

中文摘要

　　本書以「文創與城市」爲題，探討臺灣文化創意產業政策與城市文創觀光。

　　首先，從臺灣尚未提出文化創意產業政策的1990年代，一路探查至2002年文化創意產業計畫列爲國家發展重點計畫，直至2010年《文化創意產業發展法》公布施行，爬梳此一時期文創政策演變之各種遞擅，並對照聯合國教科文組織（UNESCO）文化多樣性公約探查，研究指出「文化多樣性（cultural diversity）」的延續與創新，是臺灣文化創意產業施政，應回歸本質，重新著力之處。文化部門應檢視業務執掌並通盤考量，以發揮文創政策在臺灣之價值與能量。

　　其次，將文創聚焦於「創意城市」探討。研究發現無論是「聯合國教科文組織創意城市網路（The UNESCO Creative Cities Network）」與歐盟「歐洲文化首都（European Capital of Culture）」，或是國際「創意城市」相關論述，皆將城市「多樣性（diversity）」作爲關注焦點之一，而建構創意觀光與發展文化旅遊，即發展文創觀光，讓城市以自己的創意優勢與文化資源吸引旅客，亦爲重點趨勢。本研究建議，臺灣城市應引爲借鏡，將「多樣性」納爲城市文化治理關鍵價值。

　　本研究並以臺灣代表性工業城市高雄市試圖轉型文創觀光爲案例分析，從早期前溯歷史的文化治理缺頁，論及1979年高雄市升格院轄市後，方有文化機構或藝文活動的官方施政，而近年強調水岸親港城市、人才與空間政策、博物館展演設施等文創與觀光面向。

　　研究指出高雄市港灣城市地理特性，一直以來成爲許多文化進入臺灣的起點，文化性格應當是多元文化的融合積累，但前溯歷史中的官方文化治理，並未明顯呈現「文化多樣性」價值，進而建議，未來應致力提供對多樣議題的包容力，打造文化展演之多樣性，促進多元參與，以作爲打造「創意城市」的養分，促進城市轉型。本研究以田

野調查的實證基礎，反思臺灣整體文化創意產業政策與城市文化治理脈絡，期能提供省思「文創與城市」議題之第一手文獻。

【關鍵詞】文化創意產業、創意城市、文化政策、觀光、文化多樣性

Abstract

This research is based on "Culture, Creativity, and City" and discusses Taiwan policies and urban tourism in cultural and creative industries.

First of all, it focuses on the transformation process of policies for cultural and creative industries in past decades. In early 1990s, no related policy existed. In 2002, policy making for cultural and creative industries was included in national development project. Until 2010, "Law for the Development of the Cultural and Creative Industries" was eventually announced to the public. Compared to UNESCO Convention on the Protection and Promotion of the Diversity of Cultural Expression, this research pointed out that Taiwan cultural and creative industries should return to its essential nature and emphasize the extension and creativity of "Cultural Diversity". The Ministry of Culture should review its overall operation to explore the value of cultural and creative policies.

Secondly, it focused on "creative city". This research shows that no matter "UNESCO Creative Cities Network", "European Capital of Culture" from EU or "creative city" herein, these all concentrated on "Diversity". It is also the main trend to develop cultural and creative tourism and to attract tourists with city itself advantages and cultural resource. This research suggested that Taiwan cities should consider "Diversity" as one of their core values in city governance.

From field study viewpoint, the research looked into the case of Kaohsiung City, which is the prominent industrial city in Taiwan and is in the course of transforming to a cultural and creative tourism city. In past times, Kaohsiung city lacked documentation of cultural governance. Up until 1979, Kaohsiung city was upgraded as a municipal city, and cultural activities and institutions began to be part of city governance. In recent years, Kaohsiung City government focused on different dimensions including harbor city, talented people and space policy, and museum exhibition.

This research pointed out the geographic specification of Kaohsiung harbor city, which becomes the entrance of various foreign cultures. Characteristics of a city should be formed with accumulation of diverse cultures. However, it did not show clearly enough the value of "Cultural diversity" by tracing back to official cultural governance in Kaohsiung city history.

Therefore, the research suggested that Kaohsiung city government should focus on embracing various topics, diversity of cultural exhibition, and multi-cultural participation. Kaohsiung city absorbs value from these topics and improves its own transformation smoothly. The research is based on evidential field study and mirrors the overall policies for cultural and creative industries in Taiwan, and it is expected to become a pioneer in the literature in the field of "Culture, Creativity, and City".

【Key words】 Cultural and Creative Industries、Creative City、Cultural Policy、Tourism、Cultural Diversity

目　錄

【上卷】

文化創意產業、文化多樣性、
創意城市論述

第一章

導　論

　　本書係一以田野訪查暨文獻編碼爲實證基礎之研究專論，分理念論述探討與實踐案例分析書寫，除針對文化創意產業、觀光理論及創意城市探討外，並以臺灣代表性工業城市高雄市試圖轉型文創觀光發展爲案例分析。首先在導論部分，針對此一論題之研究範疇與目的、研究方法、研究架構加以闡述，從中建構本研究之思考邏輯，作爲往後各章節基礎。

第一節　研究範疇與目的

一、研究緣起

　　文化政策研究近年逐漸被重視，文化政策學者班奈特（Tony Bennett）論文化政策與文化研究之關聯，如何從傳統文化研究領域對葛蘭西式「文化霸權」的偏好，轉向以傅柯式「治理性」分析，使文化政策成爲一種行動介入的空間，拓展文化研究之範疇。班奈特分析源自英國伯明罕大學當代文化研究中心的文化研究，偏好接合義大利新馬克思主義學者葛蘭西（Antonio Gramsci, 1891-1937）所提出的「霸權」（Hegemony）概念，葛蘭西發現「統治」和「認同」是權力的兩套模式，前者透過強制性的國家機器，如法院、警察、軍隊去操作，後者則由學校、宗教、媒體、政黨、政策宣導等達成將統治者灌輸的價值「內化」，其隱蔽的權力關係效果卻更爲可怕。葛蘭西認爲：「我們可以說所有的人都是知識分子，但並非所有的人在社會中都具有知識分子的職能。」進而提出傳統知識分子（traditional intellectual）和有機知識分子（organic intellectual），認爲有機知識分子透過與先進的社會改造事業產生有機聯結，知識分子可以救贖他人並救贖自己（轉引自Joll, J., 1994）。

　　依此，文化研究者傳統以來關照政治支配與整個社會文化生活的宰制面向，致力分析國家權力如何形成，了解文化如何鞏固不平等的社會關係，並思考各種反叛社會宰制的可能方案。然而，班奈特

認爲，葛蘭西式及其影響下的傳統文化研究發展流於僅致力於文化批判，幻想成爲社會先覺者領導社會，其實高估了人的自覺意識與解放潛能，是一種徒勞的努力。倡言文化研究者應正視傅柯（Michel Foucault, 1926-1984）所提出的「治理性（governmentality）」理念，主張應關注「知識／權力」複合體系所構成當代各種知識專業或生活領域操控和滲透的機制，讓傅柯式「治理性」成爲文化研究涉入文化政策領域的切入點。

班奈特積極主張文化研究者應積極介入文化行動實踐，正面迎向並審視當代文化與政府治理之間的關係，關注藝術、文化、政府如何行動作用在社會。認爲長期以來文化研究領域很容易發掘問題，卻常眼高手低，流於只能批判無法建構，著力甚多的文本批判與文本分析刻意忽略了文化權力制度層面，生產之議論亦無法在實際政策中有效實踐，故針對此項弊病，呼籲文化研究者應採取一個相對務實的途徑，從清高不沾鍋的體制外傳統，轉向以體制內分析的文化政策研究，把「政策帶進文化研究（Putting Policy into Cultural Studies）」（Bennett, T., 1992）。

> 班奈特認為有機知識分子若欲實現他們的工作，最好的一條路徑是「朝官署前進」（towards the bureau）因為公務機關是政府機制一部分。與其繞道既有社會行政形式，文化研究被鼓勵去回答官僚的疑問，「你能為我們做什麼？」文化研究或能有用的自視為扮演「訓練文化技術官僚」的角色，後者對文化批評和改變意識的工作沒有興趣，但對於「透過技術性的調整行政資源的配置運用，而達到修正文化的功能」（Bennett, 1992）有興趣。（轉引自 Barker, C., 2010）

除了從文化霸權到文化治理的研究轉向外，近年亦有從國家／國

族，轉向至地方／城市的文化研究趨勢，有關城市文化政策議題備受注目，學者王俐容（2006）於〈全球化下的都市文化政策與發展：以高雄市「海洋城市」的建構爲例〉，梳理文化政策與都市發展各家學說，針對文化藝術與都市發展的關係如下：

表1　文化政策與都市發展

面向	文化面向	經濟面向	社會面向
相關內涵	・文化認同的建立與維持 ・藝術活動的生產 ・藝術活動的消費 ・文化資本的提升 ・文化藝術象徵符號與論述的再現 ・文化多樣性的維持	・吸引藝術贊助 ・更新都市形象 ・刺激觀光 ・吸引創意階級入駐 ・吸引外資投入 ・發展文化創意產業	・地方認同的凝聚 ・社區活化 ・公共參與及意識的提升 ・社會融合 ・公民權概念的擴充 ・生活品味的轉變

　　由表中可看出刺激觀光、發展文化創意產業、更新都市形象、文化多樣性的維持等，皆是當代文化政策與都市發展之關聯議題。

　　　　各種爭論環繞著文化研究的核心問題：身分認同、真實性、作者天分、東方主義或土著主義、後殖民與政府……這些和政策的聯結不只是研究調查品味如何變成技術或是為了宣揚良善正直美好的事務所做的努力，更是鼓勵我們用一種正面的觀點來投入……，一個切入的空間。（Miller.T & Yudice, G., 2006）

二、研究目的

　　本研究由文化創意產業聯結觀光、創意城市論述，並聚焦高雄城

市文化治理分析，研究目的有三：

其一，針對臺灣文化創意產業政策，其政策提出背景暨政策歷史脈絡考察。

其二，認識創意城市論述與實踐之多樣面貌，分析國際城市文化治理有何趨勢？文創與創意城市與文化多樣性有何聯結？

其三，高雄市文化治理歷史流變？如何與國際城市對照觀看？對高雄市文創觀光發展，做多面向的歷史考察與檢討。

由於上述關注，研究者企圖以歷年產官學界工作中累積之實務經驗[1]，兼以國內外文化政策研修之反思，媒合聯合國教科文組織文化多樣性宣言、公約等國際論述，與全球多元文化創意城市趨勢，並聚焦高雄市為案例，針對政策各層面予以辨識整飾，對在地文化政策背景，進行詮釋與批判比較。期能呈現臺灣文化創意產業政策與高雄市試圖轉型創意城市，所衍生之多元文化論辯、城市是誰的文化等各種弔詭之辯證思路，聯結「文化多樣性（cultural diversity）」的關注，及其產生之張力。

第二節　研究方法

以質性研究扎根理論為主，透過逐字逐句的編碼，將資料分解並概念化，資料蒐集分析以及文獻閱讀交互進行，以增進理論觸覺，並透過不斷比較與提問，發掘資料中的嶄新意義和理論線索，分田野調查與深度訪談、文獻蒐集及編碼論述進行。

---

[1] 2000年至2003年間，任臺灣各地博物館開館規劃團隊，從事田野調查與策展等工作，後於2003年7月至2010年4月於高雄市政府文化局專任研究員，而後擔任民間文創公司總監。2011年4月起任教於實踐大學文化與創意學院觀光管理學系，負責文化創意產業、文化觀光、博物館學、會展管理相關課程。

質性研究是一種將觀察者置於這個世界中的情境式活動。其包括一整套讓世界得以被看見之解釋性與具象行的實踐。正是這些實踐轉變了這個世界。其將世界轉化為一連串表徵，包括田野筆記、訪談、對話、照片、錄音，及個人備忘錄。就此層次而言，質性研究採取一種解釋性、自然主義的取徑來看待這個世界。這意味著質性研究探究的是處於自然狀態之事物，試著根據人們所賦予之意義來認識或解釋該現象。（Denzin, N.K.& Lincoln, Y.S., 2005）

一、田野調查與深度訪談

研究者於產官學界擔任文化創意產業暨觀光領域相關工作至今近十八年，此外，為參考當下國際多元文化呈現情形，並至國際著名創意城市多處取材。田野調查應用矩陣圖分析，每個圓圈代表從鉅觀到微觀之間可能領域。領域（由最外緣到最內部的圓圈）：國際的、全球的（代表最鉅觀）、全國的、地區的、組織的、機構的、次級組織、次級機構的、團體、個人，協助牢記本研究分析之各層次重點。國內外田野調查成果，兼以文字與攝影紀錄圖說[2]呈現。

在「創意城市」之人才與空間政策個案探討章節，兼採「深度訪談」方式，透過不同立場的受訪者，更知悉多方面的資訊，並加以分析討論得出結果。期能經由深度訪談，對創意城市與文化創意產業發展方向有所添補釐清，進而檢討政策計畫之成效，並對照文獻提出未來政策推動之建議。

---

[2] 全書使用圖片除特殊標註外皆為本研究田野調查攝影紀錄。

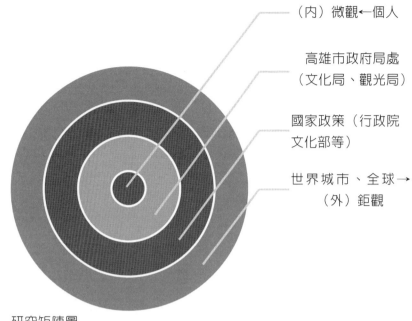

（內）微觀←個人

高雄市政府局處
（文化局、觀光局）

國家政策（行政院
文化部等）

世界城市、全球→
（外）鉅觀

圖1　研究矩陣圖

二、文獻蒐集及編碼論述

　　研究方法以質性研究，透過編碼，發掘國內外文化創意產業與創意城市理論線索，如Charles Landry創意城市理論，以及Richard Florida創意資本理論，對照國際文化創意產業發展，蒐集各面向資料，延伸與其他文化施政互動，包括蒐集學術文獻、官方文獻、預算書，各種對於文化政策的宣示、方案方向與評估、相關文化活動、空間的論述與宣傳資料、大眾媒體報導與討論，以及既有研究方案探索其內容，並針對近年高雄市城市轉型之呈現進行考察，尤重城市中創意城市與文化創意產業發展，了解高雄市試圖從工業大城轉型之歷史脈絡。

　　編碼論述，透過選擇性譯碼（selective coding），即選擇核心範疇，把它有系統的其他範疇予以聯繫，驗證其間的關係，並把概

念化尚未發展全備的範疇補充整齊的過程（Strauss, A. & Corbin, J., 1997）。透過選繹編碼此一統整與精鍊範疇的歷程，聯結各主要範疇，並統合成一較大理論架構。選擇編碼涉及對資料與先前符號掃瞄瀏覽，研究者選擇性查閱彰顯主題的文化創意產業政策與高雄文創觀光治理個案，並且在大部分資料蒐集完成之後，進行比較對照，發展出較成熟的概念，並開始環繞數個核心觀念，經籌畫整體分析後，便展開選擇編碼，研究發現逐漸成為系統論述。

第三節　研究限制與架構

一、研究限制

　　本研究範疇針對文化創意產業、觀光與創意城市理論探討，並以臺灣代表性工業城市高雄市試圖轉型文創觀光發展為案例分析。主要探討範圍為2002年提出的文化創意產業發展計畫，並前溯政策背景、初期，直至法制化。然在2010年《文化創意產業發展法》公布施行後，因本研究案例分析轉以地方政府高雄市文化治理為主，礙於全書篇幅，故中央政府2010年後續施政計畫，未能於本研究納入探討。

　　此外，文化創意產業範疇共計15＋1項，本研究以高雄城市文創觀光治理為案例分析，除爬梳文創產業中央政府與地方政府之對應外，有關文創範疇僅能針對與文創觀光較相關之文創人才與空間政策、博物館展演設施政策兩方向，進行較深入專論探討，其他各項文創範疇未能在本研究充分探討，須留待他日，此為本研究限制。

二、研究架構

　　依此，全書研究架構分上、下卷，共九章：

　　上卷「文化創意產業、文化多樣性、創意城市論述」，包括第一章〈導論〉、第二章〈政策背景與回溯：從文化產業到文化創意產

業〉、第三章〈臺灣文化創意產業政策分析（2002-2010）〉、第四
章〈創意城市與多樣性〉；

　　下卷「案例分析：文創觀光之高雄城市治理」，含括第五章
〈前溯高雄文化治理脈絡（2010年之前）〉、第六章〈縣市合併後
高雄市文創產業與觀光觀察（2011年至今）〉、第七章〈論文創設
計人才與文創園區空間政策〉、第八章〈論博物館文化展演設施政
策〉；而第九章〈結論與建議：開展文化多樣性，打造城市創意氛
圍〉，最後一章則為結論與建議，作為研究總結。通篇研究架構圖如
下：

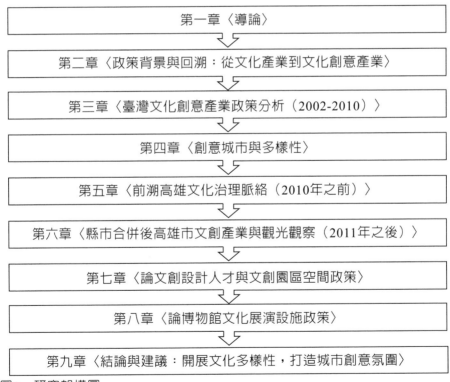

圖2　研究架構圖

第二章

政策背景與回溯：從
文化產業到文化創意
產業

　　「文化產業」、「創意產業」或「文化創意產業」等概念，在近年來國際間，或爲增進國家文化認同，或爲加強國家文化競爭力之趨勢下，成爲蔚爲顯學的文化思潮，甚或以文化之名，一躍而爲檯面上明示的國家政策之一環。

　　「文化創意產業」在臺灣，以國家文化政策被提出，始於2002年我國政府正式將「文化創意產業」列爲「挑戰2008：國家重點發展計畫」中十大重點投資計畫之第二項。定義爲：「源自創意與文化積累，透過智慧財產的形成與運用，具有創造財富與就業機會潛力，並促進整體生活環境提升的行業。」計畫提出以來，在文化藝術界欣喜贊同所謂「政府終於重視文化建設」，或是不解敵視「文化怎麼可以被商業化」近乎兩極化的反應之餘，文化創意產業已成爲十數年來眾人耳熟能詳的詞彙，然而究竟它指涉爲何？

　　本研究第二、三章將逐步分析文化創意產業政策，討論政策「三W」，即「Why（政策的產生背景）」、「What（政策的內容）」、「How（政策的行程過程，如何法制化）」（郭爲藩，2009）。首先，從政策背景開始探討如下：

第一節　文化創意產業政策背景探討

一、重視文化經濟的國際趨勢

　　經文獻彙整，在國家整體考量下，文化創意產業開始成爲各國重視的產業項目：如加拿大的文化產業創造超過二百二十億美元的收入，並創造超過六十七萬個工作機會；澳大利亞的文化藝術產業占國民生產毛額（GDP）的3%，每年創造三千六百萬元的收入。除了英國成立「創意產業任務小組」，芬蘭政府教育部，於1997年成立「文化產業委員會」（Cultural Industry Committee）。南非政府將手工藝、電影和電視、音樂、出版等四大部門列爲文化產業，從1997年開始進行文化產業成長策略（The Cultural Industries Growth

Strategy）（行政院文化建設委員會，2004）。

　　觀察國際趨勢，文化與經濟結合國力的文獻，可見於1999年歐洲文化經濟會議（Kongress Kulturwirtschaft in Europa）通過作為文化經濟發展的指導原則的「埃森宣言（Essener Erklarung）」。

> 　　埃森宣言總計有十大指導原則：一、文化經濟是一個自主的經濟場域。二、文化經濟是以未來為導向。三、文化經濟能夠持續地穩定及創造區域的就業機會。四、文化經濟有助於區域本身潛力的強化。五、文化經濟承繼歐洲的歷史遺產。六、文化經濟需要積極的文化政策。七、文化經濟需要積極的經濟政策。八、文化經濟需要城市建設政策的支持。九、文化經濟需要整合性的城市與區域政策。十、文化經濟急需要在歐洲形成適當的發展環境條件。從埃森宣言中，我們清楚了解到，文化產業是一個具有個別特色的產業，對地區的整體經濟與社會發展都有不可輕忽的貢獻。而其發展需要整體環境的配合，不僅牽涉到經濟與文化層面，同時也包括了法律、政治、社會等層面的條件因素。（臺北市文化局，2007）

　　若以博物館經濟而言：

> 　　根據統計，英國現有1,848個博物館，每年為英國賺進十五億英鎊的收入，在總體經濟上日益舉足輕重。外國觀光客造訪收入即高達三億五千萬英鎊，十大觀光景點中博物館就占了七個，43%的英國國民去年至少造訪過博物館一次，所謂的博物館經濟學已蔚為文化新顯學。

（財團法人國家文藝基金會，2007）

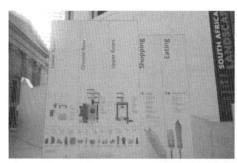

圖3　博物館經濟為英國創意產業焦點之一，圖為倫敦大英博物館商店餐飲
　　（左）與泰德現代美術館藝術書店（右）

二、國家的文化認同與形象塑造

　　除了上述考量文化與經濟結合的力量以外，事實上，國家形象、文化認同等常是政策形成之原因，如同英國文化創意產業對國家形象之塑造：

　　　　英國雖然出過許多大科學家、大文豪、大哲學家……，
　　　　但他們給世人的印象是老穿著深色大衣、帶紳士帽、拿
　　　　黑色雨傘在霧中或雨中步行這類「保守」形象。自1997
　　　　年以來，藉由創意產業的推動，他們重新設計「國家
　　　　形象」，「保守」變成「酷」，「酷」就是「新鮮」、
　　　　「有創意」、「有吸引力」。文化形塑了一個人的人
　　　　格與態度，也可以形塑一個國家的形象和格調，因此文
　　　　化對人的自我認同，甚至於對國家的認同，都深具影
　　　　響。我也希望未來能透過文化創意產業，重新形塑臺灣
　　　　形象，由「廉價」轉成「品質、品味、品牌」，由「生

猛」轉成「活力多元」，讓臺灣人的親和力成為「友
善、關愛」代表。（陳郁秀，2006）

三、中國大陸高度重視文化產業的競爭

而中國大陸對於文化產業的重視，是臺灣需要面對的挑戰：

> 彼岸中國大陸，不但文化部已設立文化市場司，並於
> 2001年3月正式將文化產業納入全國「十五規劃綱要」，
> 視為大陸下一階段國民經濟和社會發展戰略的重要部
> 分，並已發表「2001-2002中國文化產業藍皮書總報
> 告」。（行政院文化建設委員會，2004）

其區分文化獨有的經濟屬性與民族屬性，推動策略是將文化建設
分為「公益型的文化事業」和「經濟性的文化產業」，並採取分類指
導方式：

> 文化所獨有的雙重性，使得人們對文化的全球化憂喜參
> 半。文化具有商品屬性。文化消費在人們的生活消費中
> 占有相當大的比重，文化產業已經成為發達國家重要的
> 經濟增長動力。作為整體經濟整體的一部分，文化產業
> 同樣具有其他經濟部門所擁有經濟屬性，同樣融入到全
> 球化的大趨勢中去。但是，文化同時具有鮮明的民族
> 性·世界各種文化和文明，和而不同。在經濟日趨全球
> 化、一體化的背景下，文化獨特性成為各國和各地區追
> 求的目標，各經濟體之間的文化的差異性成為區別不同
> 國家的最重要的標誌。大陸文化產業的發展，是隨著

大陸的改革開放和文化體制改革逐步發展起來的。既有
滿足人民群眾的文化需求的（公益型）文化事業，又有
成為經濟增長點的經營性文化事業。……2003年大陸提
出了文化事業和文化產業的改革方向和目標：公益型文
化事業單位的改革以深化勞動人事、收入分配和社會保
障制度改革、加大國家投入、增強活力、改善服務為重
點；經營性文化產業單位的改革以創新體制、轉換機
制、面向市場、壯大實力為重點。同時提出要健全文化
市場體系，建立富有活力的文化產品生產經營體制；完
善文化產業政策，鼓勵多渠道資金投入，促進各類文化
產業共同發展，形成一批大型文化企業集團，增強文化
產業的整體實力和國際競爭力。（李小磊，2006）

　　在國家文化認同與文化經濟競爭力之間，行政院文化建設委員
會[1]出版《文化創意產業手冊》提及：

面對上述各國政府積極的作為，臺灣政府必須在短時間
內急起直追，並且充分朝資源整合與知識創新的目標
邁進，才有機會在新一波全球競合的環境中，永續發
展。……臺灣在面臨全球化浪潮的席捲下，正步入全球
均質的危機當中，若無法建構屬於臺灣特色，以作為全
球化下識別的符碼，臺灣的國際競爭力是很難提升的；
臺灣長期以發展高科技產業及大型製造業為主，對於文
化藝術相關產業的輔導、非營利事業環境的建構與藝文

---

[1]　1981年成立的「行政院文化建設委員會」，於2012年升格為文化部。

生態的策進等，均極少被視為扶植產業或國家重點發展
方向。此次文化創意產業的目的，即在整合地方智慧與
文化藝術生命力，將其應用於產業發展以因應全球化之
挑戰。（行政院文化建設委員會，2004）

　　由上述各項分析可得知，因應於文化產業被認為是國家經濟發展
以及社會生活品質提升的重要關鍵因素，且對應「體驗經濟」等風格
社會之提出，並常與國家主體性、國家文化認同有關，使得世界各國
愈來愈重視文化創意產業的發展，於是，攸關「文化經濟」與「文
化認同」等內涵的「文化創意產業」政策，被挑選出來成為國家政
策，可說是其來有自。

第二節　1990年代回溯：解構文化產業

一、「文化」與「產業」

　　回溯臺灣1990年代，當時政府還未提出文化創意產業政策。
彼時尚未開展之「文化產業」議題，為研究者早期之研究關注[2]，
試圖從「文化[3]」以及文化界如何看待文化產業著手，由「媚俗指

---

[2]　研究者早期曾獲財團法人國家文化藝術基金會補助，將碩士論文《90年代臺灣文化產業生態
　　之研究》（蘇明如，2001）與《關注文化產業：21世紀臺灣城鄉文化產業資源整合南區調查
　　研究案》（蘇明如，2002），彙整內容出版《解構文化產業》（2004，蘇明如）一書，該書
　　為坊間讀物現已絕版，本章第二、三小節擷取部分內容酌修，作為本研究補充之註腳，以期
　　能較完整呈現文化產業當時背景脈絡。

[3]　「文化」有高度曖昧性與多維視野，「文化（culture）」一詞來源拉丁語cultus，原詞中有耕
　　作之意，指人類在自然中從對土地耕耘和栽培植物的勞作，從中取得收穫物，進而引申為對
　　人的身體和精神兩方面的培養。人類在了生存綿延的動力下，開始對自然物加工，進而使
　　人遠離野蠻狀況創造了文化。相對於此種「物質性解釋」，文化被當成「抽象術語」使用，

控」[4]以及「文化贊助」[5]兩面向探討;其次,探討何謂「產業[6]」,而

則是在近代19世紀中葉以後才開始。「文化」一詞,強調人生實踐過程中的產物,包括藝術、道德、宗教、法律、科學等各門學問。

西方古典對「文化」的定義來自於人類學家泰勒(E.B. Tylor, 1832-1917),其認為:「所謂文化或文明,是一種複雜的整體,在其廣泛的民族學的意義上來說,是包括知識、信仰、藝術、道德、法律、習俗,以及其他由社會成員所習得的所有能力與習慣所構成的複合體。」可知構成文化的不只是能觀察、計算和度量的東西和事情,它還包含共同的觀念和意義。

一般而言,文化可分廣義與狹義,廣義的意義為人類一切勞動成果都被視為文化產品,人類一切活動都被視為文化活動,為「人類學式的文化」;狹義的意義則經常把文化與文學、音樂、繪畫、表演等精緻藝術(Fine Art)聯繫在一起,為「精緻藝術式的文化」。

若以「文化研究(cultural studies)」領域而言,英國文化研究建立者之一雷蒙·威廉斯(Raymond Williams, 1921-1988)認為文化是一個無所不包的整體,包括整體的生活方式,無論是物質、知識、精神層面。而大眾傳播媒體、次文化的發展、性別差異等議題,皆是1960年代文化研究的重要脈絡。1980年代後,文化研究發展到英國以外其他地區,它橫跨各個領域,成為一個集合名詞,代表專注於特定文化形式的作者,在分歧且經常相互抗爭的知識領域上,所做的種種努力。

[4] 在文化領域內,關於文化與產業(商業)的弔詭引起諸多爭議,其中,針對「文化商業化」,最為常見亦是最有力的批判論點為,認為這是一種「媚俗(kitsch)」的行為。文化向來有著清高的美譽,一旦商業化,容易被指為媚俗。對「媚俗」的批判,被譽為當代最具想像力與影響力的捷克裔法國文學家米蘭·昆德拉(Milan Kundera, 1929-)其在1985年5月榮獲耶路撒冷文學獎時,典禮演講詞〈人們一思索,上帝就發笑〉提到:

kitsch這個字源於19世紀中的德國。它描述不擇手段去討好大多數的心態和做法。既然想要討好,當然得確認大家喜歡聽什麼,然後再把自己放到這個既定的模式思潮之中。kitsch就是把這種有既定模式的愚昧,用美麗的語言和情感把它喬裝打扮,甚至自己都會為這種平庸的思想和感情灑淚。⋯⋯現代主義在近代的涵義是不墨守成規,反對既定思維模式,絕不媚俗取寵。今日的現代主義(即所謂後現代主義或新潮)已經融會於大眾傳媒的洪流之中,在大眾傳媒無所不在的影響下,我們的美感和道德觀慢慢得也kitsch起來。竭力地趕時髦,賣力地迎合既定的思維模式。當今的現代主義被套上媚俗的外衣。這件外衣就叫kitsch。

為了拒絕藝術商業化,拒絕媚俗,自1960年代開始,許多藝術家參與60年代典型的反資本主義、拒絕藝術商業化熱潮,他們創作出的藝術作品幾乎是不可見的(如觀念藝術)、地理上

的無法接近（如地景藝術）或極端的理論性（如低限藝術）。然而，頓挫市場的意圖並未成功，少有當代藝術形式得以規避果斷收藏家的收購，如同早期達達的「反藝術」亦同。1970年代，結合當代藝術與財富商業最顯著的例子是，1972年10月在蘇富比紐約分公司舉辦了普普藝術（Popular Art）作品拍賣會，普普初期十五年間的作品賣出了天文價格，當代藝術成為一種有價值的投資商品。1980年代，藝術家普遍以「藝術即商品」作為其創作的題材。

5　商業生活其實是文化的一部分，文化和商業很難壁壘分明，常常文化要存活發展，需要來自包括商業在內各個管道的贊助。綜觀文化在西方歷史洪流之遞變，可以理解藝術文化無法任由自生自滅，不同時代有不同的贊助人，提供創作資源。

追溯自希臘、羅馬、中世紀時期開始，藝術作品能夠存在，主要多以宮廷、公共空間及教堂作為核心贊助人而委託製作，其中，有錢有勢的封建家族在封建教會政治中扮演關鍵性的角色；文藝復興時期之後，在王公貴族與教廷之外，新興工商社會裡的中產階級也成為舉足輕重的文藝贊助者；至巴洛克時期，義大利以天主教教宗為首贊助文藝，法國為了誇飾王權以宮廷為首贊助文藝。

到了20世紀二次戰前，以英國而言，主要由富有人贊助藝術；而二次戰後，因應於社會重新洗牌，國家扮演的角色大為擴張，文藝贊助落在政府身上，主要基於三點理由：其一，因文化教育普及能增加國家競爭力，使政府在文化教育角色扮演上加重；其二，政府有義務讓人民過好日子；其三，社會階層轉變，對藝術有較大需求。

這樣的情況直到1973年因經濟危機景氣衰退，政府缺少經費，使得政府藝文補助發展出兩種方式，其一，藝術減稅：發展出刺激私人贊助或其他非直接補助，如免稅額高低影響捐贈意願。其二，採取中間路線：一邊支持高等文化，一邊支持通俗性東西，這些措施使文藝補助由單一擴張到包括所有型態、由專業到業餘、由少數藝術中心到全國性，種種因素使1970年代中期以後，藝術補助與贊助轉趨多元化。

當代文藝贊助發展的關鍵在於，突破了傳統來自教堂、政府與貴族的的財力支持。過去的贊助型態總是要求，被委託製作的藝術品頌揚著該機構或個人。現在獨立了的藝術家可以自由決定藝術的型態與內容，然而也可以自由地在新興的資本主義藝術市場中浮沉。本研究以為，從中世紀的王公貴族、教廷到工商社會裡的中產階級、政府、大企業，文藝贊助確實淵源久遠，文化藝術與商業兩者間無可割離的弔詭由此可見。

6　何謂「產業」？根據《辭海》對「產業」一詞之解釋：「謂生產作業也。《史記‧高祖紀》：『始大人常以臣無賴，不能治產業。』《漢書‧楊惲傳》：『大臣廢退，當闔門惶懼，為可憐之色，不當治產業。』按世稱田地等能生利者曰產業。」一般中文辭典對「產業」之解釋可整理如下：一、指資財、土地等動產與不動產之總稱。二、農、礦、工、商等經濟事業之總稱。三、公司行號之所有權及生產動力與設備。而《中華民國憲法增修條文》第十條亦指出：「國家應獎勵科學技術發展及投資，促進產業升級，推動農漁業現代化，重

產業界又是如何看待文化產業[7]進行析論。

　　認為「文化產業」一詞，從字面上來看，是一個複合詞彙，由「文化」與「產業」兩個在一般認知裡似乎相互矛盾或是不相干的兩個詞彙聯繫而成，較具文藝氣息精神性的「文化」與重商業屬性強調物質性的「產業」在歷史洪流中一直呈現某種曖昧糾結關係。常常，在菁英小眾的文化人觀念裡潛藏著和庸俗商業壁壘分明的意識型態，而商業產業界人士亦認為文化是沒有商機無法產生利潤「無用」的領域（蘇明如，2001）。依此展開探索。

二、1995年文建會提出「文化產業化、產業文化化」

　　臺灣有關「文化產業」概念之探討，首見於1995年行政院文化建設委員會於「全國文藝季」中「文化‧產業研討會暨社區總體營造中日交流展」，提出「文化產業化、產業文化化」，並邀集專家學者針對「文化產業」此一論題進行探討：

視水資源之開發利用，加強國際經濟合作。」綜言之，「產業」一詞，一般可解釋為「生產作業」，具有商業機能，而在國家最高法律裡「促進產業升級」是明文揭示的國家政策。

[7] 就產業界立場來看，傳統上認為文化是較無法產生利潤的領域，其贊助文化，主要衡量因素有二：其一，宣傳塑造良好產業社會形象；其二，實質上達到減稅的經濟目的。根據《文化藝術獎助條列》第二十六條至第三十條租稅優惠規定，企業捐助藝術館、美術館、民俗文物館、實驗劇場土地空間者，免徵土地稅及房屋稅；捐贈金額一律可列舉扣除，或提列為當年度費用，且不受金額限制；另外，捐助文化藝術事業亦得以減免或抵免營業稅及娛樂稅。對藝術文化的支持與贊助，可建立並提升企業形象，創造新的市場與新的獲益空間，提升企業競爭力。然而，若單純就藝術補助面來看，值得注意的是，產業界贊助文化有其利益性考量，希望立竿見影，贊助文化通常對個案較有興趣，對文化長期性發展計畫較無興趣。然而，文化事務的性質與其相反，大都無法速成且需要長期積累，文化領域與產業領域有其本質差異。在今天的社會型態中，產業界所具備的雄厚財力確實是文化產業所仰賴的重要資源之一，相對而言，加強文化創意，亦有助於產業升級、轉型或文化形象之建立，如何讓兩者互蒙其利，正是推動文化產業思考方向之一。

會議中……產業的討論帶入了文化的視野，如陳其南
教授所說的：文化的概念不應局限在消遣、娛樂、消
耗的功能，認為它與實際經濟生活毫不相關，其實將
地方產業做適時文化包裝，地方產業活動，亦可以是
具有精緻、品味、生產力，促使地方重新發展的活力泉
源。……在這個文化產業會議中，陳其南把「文化產
業」與「文化工業」在概念上做了區隔，「文化產業」
是依賴創意、個別性，也就是產品的個性、地方的傳統
性、地方特殊性，甚至是工匠或藝師的獨創性，強調的
產品的生活性與精神價值內涵，這些正是被「文化工
業」所摧毀的質素。（臺灣省手工業研究所，1996）

「文化」與「產業」開始聯結，可回溯到1995年當時「文化
產業化」與「產業文化化」之文化口號，其初始動機在《文化白皮
書》有言：

隨著國內經濟結構的轉變，各地鄉鎮產業普遍面臨轉型
的壓力，而各地區原本即具有豐富的文化資產，如手工
技藝、傳統建築、文化藝術活動等，如能經由社區營造
的策略，加以整合、強化，朝「產業文化化、文化產業
化」的方向發展，不但可以恢復地域的生機與活力，也
為國家蓄積了競爭力量。（行政院文化建設委員會，
1998）

即或臺灣常有文化口號被氾濫使用，使得實質意涵趨於薄弱之

普遍現象，但「產業文化化[8]」與「文化產業化[9]」仍有其值得重視之處，而文化與產業原本互不往來的情況，正朝向互蒙其利的趨勢邁進。

第三節　文化工業與文化產業

　　承上，文建會於1995年提出「文化產業化、產業文化化」，然而，當時臺灣社會對「文化工業（culture industry）」與「文化產業（culture industries）」概念仍顯陌生混淆，有必要進一步區分與釐清，依較常見的區分，單數culture industry（譯為「文化工業」）一詞原出自德國法蘭克福學派[10]，原始用法有其壓抑性意義；複數指現

---

8 因應臺灣社會變遷，地方產業面臨轉型的挑戰，產業是臺灣地方生活的命脈，在臺灣的任何一個地方都要考量特有產業能否發揮，如何從文化產業的角度來重建社區，開發地方特色，整合文化活動與產業，發揮整體效果，是考驗地方自治體之行政能力與前瞻的指標。所以，當時文建會針對此一困境推動「產業文化化」。然而，「產業要如何加入文化的意涵？」「地方的產業該如何用文化來塑造與經營？」「哪些地方文化資產可以運用成為地方文化產業？」這些都是產業文化化所面臨的挑戰，值得深思。導向深度文化消費、文創觀光、積極發展臺灣地方特色把文化放進產業裡，讓民眾願意購買臺灣文化產業所生產的東西；亦可將其塑造文化時尚氛圍，促成民眾習慣在地文化特色消費，正是產業文化化努力方向之一。

9 臺灣有豐富的文化資源，不論精緻或是通俗、工藝或是節慶、菁英或是普羅、都會或是鄉鎮。然而，若沒有經濟命脈的話，文化不容易存活。文化產業化正是去找尋各種面向的文化，用不同的模式來經營。產業化未必就是文化人害怕的媚俗，而是在面對許多傳統文化面臨瓦解危機的同時，適應並引入現代的經營型態，並加以適當變化，為一活化文化的可能途徑，是值得文化界重視之思維。「文化產業化」的執行方式，包含了選擇與規劃文化的產量與通路、認識產品訴求對象（如性別、年齡層、教育程度、職業、收入、族群）、靈活運用開發觀眾的相關理論、將文化產品賦予適當的符號意義，並且透過各種管道把這個訊息傳播給大眾，這些多是屬於行銷的範疇，可以說重視文化行銷正是文化產業化勢必採行之途徑，而這亦符合國際性之文化脈動。

10 「法蘭克福學派」屬西方馬克思主義，法蘭克福學派對文藝的關注可上溯自馬克思青年時期

今所稱具產值之文化產業，闡述如下：

一、法蘭克福學派之「文化工業」批判理論

culture industry一詞即來自於法蘭克福學派，一般中譯為「文化工業」，主張由於大眾文化的崛起，導致文化工業的出現。1944年，霍克海默（M. Horkheimer, 1895-1973）在〈藝術與大眾文化〉一文中，首次把大眾文化與文化工業概念聯繫在一起，認為文化工業就是「文化操縱cutural manipulation」。1947年，霍克海默與阿多諾共同出版《啟蒙的辯證》一書，「文化工業」一詞逐漸取代「大眾文化」概念本身，阿多諾指出，用「文化工業」一詞取代「大眾文化」一詞，主要原因在避免一種誤會，避免人們望文生義，而誤以為大眾文化是從大眾出發，為大眾服務。他認為大眾文化實際上是由統治者從上面強加給大眾的，是對大眾的一種控制文化，並非像其字面上所顯示的是為大眾服務的文化。

在法蘭克福學派之論述中，文化工業具有下列特點：文化的產生類似於現代工業成批複製與拷貝的生產過程、文化生產與現代科學技術結合愈來愈緊密、文化主體卻愈來愈不是作為文化消費者的廣大人民群眾。由此，法蘭克福學派對文化工業展開批判，主題有二：一是論證菁英文化對人的積極意義，二是論證大眾文化對人的消

寫作的《1844年經濟學哲學手稿》，書中提出著名的觀點「異化」（Marx K., 1990），屬人道主義的文藝美學思想。西方馬克思主義與正統馬克思主義的重大區別即在於「遠離經濟基礎」與「把關注焦點轉向文化」。

極作用。認為現代社會的「單面性」、「攻擊性」，都是受到「大眾文化（文化工業）」的主宰，文化工業的產品阻礙了人們正確認識自己的處境，故人若想從社會束縛中解放出來，首先必須擺脫文化工業各種產品的操縱，進而展開批判。

左派立場的法蘭克福學派諸思想家提出的「文化工業（culture industry）」此一名詞，同時具有商業及文化事業的雙重特質，並做了較細緻的分析，其對大眾文化的批判並不是直接針對大眾而來，而是認為「文化工業」是具有商業目的和經濟邏輯的產業體系，挾帶著其商品性格經由大眾對它的消費，文化工業於是成為一種操弄的工具，人的自主性在此消失。認為文化工業絕非是對民眾的救贖，而是戕害。法蘭克福學派諸思想家抱有拯救人類於「痛苦中的幸福生活」之中的崇高理想，並把對文化工業的批判作為實現此目標之實際行動，身體力行地將理論實踐，在歷史洪流中仍有其不可磨滅之地位。（蘇明如，2001）

上述為研究者早期研究關注，而「人的自由度有多少？」是法蘭克福學派對文化工業批判[11]最動人的關懷，藉由梳理法蘭克福學派

---

[11] 法蘭克福學派對文化工業的批判可歸結為三要點：其一，批判其商品化：認為在現代社會中，文化藝術已同商業密切結合在一起，文化產品納入市場機制也變成商品。其二，批判其標準化：文化工業的一個重要標誌是文化生產的標準化、齊一化，會導致扼殺個性，使文藝欣賞的主體被瓦解，作品規定了每一個反應，使想像力退化，只能產生機器式反應，倒退到一個被動式的依附狀態，只想要聽熟悉的東西，更造成了大量產生標準化流行商品的惡性循環。其三，批判其強制化：批判文化工業產品缺乏選擇，不能對話，成為一種支配人間暇時間與幸福的力量（陳學明，1996）。

三大家：班雅明（Benjamin Walter）[12]的「技術複製文化」、阿多諾
（Adorno Theodor Wiesngund）[13]的「社會水泥」與「文化救贖」、
馬庫塞（Herbert Marcuse）[14]的「單向度的人」、「藝術的愛慾向
度」與「審美革命」等論述，可見該學派「文化工業」之批判背後

---

[12] 被稱為「左翼馬克思主義文人」的班雅明（Walter Benjamin, 1892-1940），在1944年霍克海
默與阿多諾提出「文化工業」之前，就先提出「技術複製文化」（Benjamin, W., 1997）此一
概念，其涵義與文化工業大同小異。其對「技術複製文化」有前後兩種觀點：一開始，讚頌
文化工業生產品之解放讓人可以親近藝術；之後，修正其論點，批判文化產品的日益商業
化，失去創作時的本質。

[13] 阿多諾（Adorno Theodor Wiesngund, 1903-1969）以為，資本主義社會的重要特徵就是「人
的理性」變成「工具理性」，即變成純工具化的思維方式。文化工業就是透過操縱廣大群眾
的思想和心理，培植支持統治和維護現狀的順從意志，由此出發，阿多諾把文化工業比喻為
「鞏固現行秩序的社會水泥」（Adorno, T.W., 1998），這是文化工業對社會和個人的危害。
他一方面對文化工業使得文化產品商品化、標準化深惡痛絕；一方面對文化工業使藝術成為
「反藝術」深感遺憾；另一方面又像法蘭克福學派其他成員一樣，對文化藝術寄予厚望，認
為能拯救人類的只有藝術與文化。他賦予藝術兩種能力：一是「烏托邦」，即對現況的超
越；二是「否定」，即對現況的批判（Martin, J., 1994）。由此兩種能力展開其文化救贖理
論。

[14] 馬庫塞（Herbert Marcuse, 1889-1979）認為文化工業之雛形為「壓抑文化（repressive
culture）」，此一概念來自德國古典哲學家席勒（Schille）之美學理論，受其影響進而在其
著作《愛慾與文明》中強調，「壓抑文化」是由「感性衝動」與「形式衝動（理性衝動）」
的結合和相互作用造成的，而現代文明中的「壓抑文化」，並不是調和此兩種衝動，而是使
感性屈服於理性，使得像愛慾這種人類主要感性衝動變得枯竭和繁雜。在這樣的情況下，要
「拯救文化」，便是要把壓抑性的文化變得非壓抑性，即消除其對感性的壓抑性控制（轉引
自劉少杰，1993）。
Marcuse在《單向度的人》中更提出文化工業的主要象徵就是「單面性」，並把大眾文化稱
為「單面文化（one dimension culture）」，認為文化原有的與現實相對抗的作用被文化工業
消除了，只剩下為現實粉飾的這一面，故只剩下「單面文化」，而單面的思想加上單面的社
會，造成「現代人全面的異化」（Marcuse, H., 2015）。相較於阿多諾提出的「文化救贖主
義」，馬庫塞在批判文化工業的基礎上提出「審美革命論」，其對革命重新界定：認為革命
的目標不僅僅在於政治經濟結構的改造，更在於審美情趣的解放，強調恢復感性在哲學中的
地位，最終使人成為「審美的」。

之人文意識，然其批判理論依然有其立論上的若干瑕疵，它較屬結構決定機械式的詮釋觀點，多少阻礙了對文化事務特殊性的分析，其對人類的解釋過於被動，使得理論之批判力因而減弱（洪翠娥，1988）。然而，儘管如此，理論提出至今已超越大半世紀，依舊值得臺灣當下在眾聲喧嘩的「文化創意產業」年代，提供吾人一再反思與對照之角度。

二、「文化產業」之美學、經濟、生活、教育正面意義

承上，最早提出「文化工業」一詞的德國法蘭克福學派批判論述有其意義，然研究者反思，文化產業是否有正面生產意涵，如同經濟部指導成立的「臺灣創意設計中心[15]」、文建會委託調查案《創意藝術產業先期規劃報告》與後來相關文創論文[16]曾陸續引用研究者的論點：

> 文化產業販賣的是生活想像力、創意、教養還有品味，如同蘇明如（2001）所做的分析，文化產業之生產意涵可包括美學、經濟、生活及教育等四個向度。（張光民、張克源，2006）
>
> 過去屬於菁英小眾的藝術工作者觀念裡潛藏著和庸俗商業壁壘分明的意識型態，而商業產業界人士亦認為文化是沒有商機無法產生利潤無用的領域，實質上，藝術產

---

[15] 「財團法人臺灣創意產業中心（Taiwan Design Center）」為因應「文化創意產業」政策的提出，於2003年在經濟部指導下成立的機構，以「創意設計」為核心價值，協助企業升級轉型，建立自有特色的品牌，提高產品附加價值，增進本國企業的國際競爭力。前身為外貿協會設計推廣中心，任務為引領我國設計產業走向全球市場的樞紐，以創新、設計與品牌建立「臺灣，全球化」的價值網絡（臺灣創意設計中心，2016）。

[16] 研究者早期碩士論文即以《90年代臺灣文化產業生態之研究》（蘇明如，2001）為主題，當時較少有相關研究，故在臺灣博、碩士論文知識加值系統中，至今（2016年2月）已被相關論文引用一百七十四次（中華民國國家圖書館，2016）。

業之意涵非僅有負面性，而是具有正面生產意義；藝術
產業有致力於解構傳統藝術菁英迷思，讓文化更親近普
羅大眾之「美學意涵」；藝術產業並非只會消耗資源，
而是具備有實質上「經濟意涵」；藝術產業販賣生活想
像力、創意、教養還有品味，具有開發生活美感，並讓
文化與生活產生對話之「生活意涵」；且藝術產業是一
非制式教育環境，是提供藝術終身學習之良好環境，
具有讓民眾親近藝術，進行無聲的藝術教育之「教育
意涵」，如90年代文化思潮的多元面向「全球化／地球
村」、「地方化／社區風潮」、「族群融合」、「休閒
主義」以及「網路世界」不但成就90年代文化產業生態
背景，亦是新世紀文化產業勢必因應之潮流。（中華民
國畫廊協會、臺灣藝術發展協會，2004）

　　研究者彼時的關懷在於，即便法蘭克福學派「文化工業」理論發
人深省，然而，臺灣社會仍有必要推動「文化產業」，故提出應重視
文化產業之美學、經濟、生活及教育等生產意涵，其內容分別為：
　　其一，美學意涵：從批判大眾文化[17]、捍衛大眾文化[18]與文化殿

---

[17] 吾人觀察，如果「大眾文化」僅把文化視為一種商品，那麼它確實很可能迫使民眾在文化活動中淪於消極被動的地位，於是被法蘭克福學派用「文化工業」一詞取代「大眾文化」之概念。大眾文化會成為歷來爭論不休的論題確實其來有自，它是為了大眾？抑或操弄大眾？它是操縱，抑或是救贖？若以站在菁英文化立場的法蘭克福學派論述而言，其認為大眾文化實際上是由統治者從上面強加給大眾的，是對大眾的一種控制文化，並非像其字面上所顯示的是為大眾服務的文化。這樣的觀點可以和「文化有其位階」之論點聯繫在一起，認為文化是關於「絕對」的標準，菁英主義不應被政治正確輿論所消音，在這樣的立場下，批判被認為文化位階較為低下之大眾文化。
[18] 相對於批判大眾文化，亦出現另一股為大眾文化辯護的思潮，這股思潮把流行的大眾文化，

堂的反省[19]來討論，指出文化作為一門產業，其美學意涵應在於致力於解構傳統文化菁英的迷思，讓文化更親近普羅大眾，強調The Best（Art）for the Most（People）。

　　其二，經濟意涵：從文化的經濟加值意義[20]，以及提供良好文化

認為是人民群眾主體出自內心的需要。從美學的角度上來看，大眾文化的出現「意味著從時間角度對傳統美學的解構」，「是對正統體制、對政教合一的中心體制的有效的侵蝕和解構」，它在美學上的特點，是提出一個雖不完善但值得反思的命題——「審美與生活的統一」，這與傳統美學固執的「審美對生活的超越」是不同的，在這個意義上，可以說是在當代大眾文化看到了傳統美學的根本缺憾（陳學明，1994）。這樣的立場認為大眾文化和菁英文化都是文化，文化是平等的，要正視大眾文化的積極、正面性功能，主張人們因著知識背景、個人智慧與才性之不同，對於文化產品選擇的可能性以及欣賞與理解必定是不同的。

[19] 吾人觀察，傳統上文化藝術一直是個高蹈貴族化的事物，若我們進一步思考一些問題，諸如文化殿堂的意義、究竟是哪些人在進文化殿堂（如博物館與音樂廳等）、這些人的重複比例有多高、以及文化藝術的普及性問題、如何讓民眾有更多接觸文化藝術的機會，等等。縱使批判大眾文化之論點著實引人深思，但在反思之餘，大眾文化之正面的關懷，致力於解構文化菁英的迷思，親近普羅大眾仍有其深層意義。

若聯繫到「文化產業」議題，如何讓更廣大的民眾能夠也願意親近文化藝術，又不至於在投身於文化產業之後被異化，後現代的今天，文化菁英主義的迷思正在被顛覆，除了應謹記法蘭克福學派諸家對文化工業的擔憂與批判，更應正視到文化產業使文藝更能普及在大眾生活間此一美學上正面意義。「文化產品的服務對象，不只是那一小撮自認為很有品味的小眾菁英，而是更廣大的市民大眾，因此如何增加這些廣大市民大眾對於藝術的可及性是藝術（文化）產業所要思考的方向。」（陳朝興，1997）文化產業是運用商業經營手法，讓文化更為貼近普羅大眾，有其美學上正面意涵。

[20] 文化藝術一直長期屬於菁英高蹈的領域，然而，文化藝術並不一定非要和經濟物質面切斷才顯得清高，臺灣文化若能發展成有競爭力、有規模的產業，除了它本身的產值外，還可以藉由文化創造更多的社會與經濟價值，文化有其經濟上產業意義，在官方《文化白皮書》與學界論述可看出如是端倪：

長久以來普遍存在的觀念是，文化藝術是奢侈、高級、消費性的東西，這個觀念往往造成推動文化事業的阻礙，尤其在政府部門，一談到文化事業，就認為是很花錢而且很次要而且無法獲利的事情……國人的認知仍然多停留在只將文化視為一種可有可無的欣賞或娛樂需求，是另一種只會消耗資源的施政項目。殊不知文化在許多先進國家已是最重要的一項產業，尤

環境[21]談起，主張文化作為一門產業，其中心理念應在於文化無須和

其像巴黎、京都等大城市，幾乎是靠文化藝術資產活動來維持其繁榮。我國如果想要跟先進國家並駕齊驅，就有必要積極落實文化產業化和產業文化化的理念和政策。文化產業包括古蹟、資訊、出版、傳播事業、工業設計、時裝設計、地方特色產業的開發等。當臺灣的經濟發展在規模和技術上漸趨飽和之際，的確需要從創意和智慧方面尋求突破，因此，未來的文化建設應該是整合經濟發展，進而促成文化和產業的相互轉化與提升。任何有前瞻性的中央和地方主政者，都不應忽略這個課題。如何將此種文化理念轉化為國家和地方發展政策，將決定未來的生活品質與國家競爭力。由此看來，文化建設不是一種只會消耗國家資源的事業，而是真正能生產國家資源和創造資產的重要部門。今後有必要去推動一個重要觀念，那就是：文化是一項亟待開發的產業（行政院文化建設委員會，1998）。

我國長年注重經濟發展，一直忽略文化在經濟發展上之重要性，殊不知文化也可以是一種很重要的產業，可以促進經濟的發展，協助解決因經濟發展所面臨的問題。由於科技的進步，目前文化產業的產值愈來愈高，需求也愈來愈大。同時，它也在普及藝文活動方面，扮演相當重要的角色，因為大量生產、大量消費的結果，使得一般社會大眾都有能力購買及消費，促使文藝發展通俗化與普及化。另一方面透過廣大的市場需求與支持，以提升製作的水準。加強文化產業的競爭力，一方面可以賺取利潤，另一方面也可以積極地推銷文化，消極地抵抗外來文化之侵略，一舉數得（簡瑞榮，1997）。

此外，觀察政府推動文化建設，其支持性動機通常有七點：國家榮耀、鼓勵和獎賞、安撫、教育、福利服務、補償、商業。而推動文化最終是基於產業競爭力，即商業利益（Pick, J., 1995）。吾人觀察，國家推動文化事業確實符合上述幾點動機，像是法國巴黎與日本京都，城市本身就帶有國家榮耀的意義，是一種對民眾的教育、鼓勵獎賞、福利服務，更重要地，具有產業經濟意義。可見文化是一項亟待開發的產業，有其經濟加值意義。

[21] 文化事業的特殊性與一般經濟商業運作有所距離，政治上，傾向於把藝術文化的價值或產出加以量化。例如英國的藝術文化界各式創意工場，每年為該國帶來六十億英鎊的經濟利益。這樣的說法有其地位，但在另一方面又忽視了藝術文化這種創意產業的特性——無法量化，不適用經濟分析……從業人員為了興趣而工作，製成的產品要等到消費的同時才能估量其價值……這種不具形體的、不可捉摸的產品，與一般工業產品在生產時就能估出其市場價格的情況迥然不同。而英國政府過去一直誤解了創意產業的本質，錯以整體經濟的鉅觀角度衡量藝術文化產業。公權力未來介入創意產業的模式，應該以「協助者」、「行銷者」的角度行之。其次，在擬定藝術文化政策時，必須記得真正的藝術文化生命存在於地方的層次，而非中央政府能夠整體統合之。政府應改採小型的、細緻的、微觀的政策，來取代以往的鉅觀手

商業斷絕，也並非只會消耗資源，而是具有實質上經濟意義，是一項值得開發的無煙囪產業。

　　其三，生活意涵：提出「文化產業，販賣的是生活想像力、創意、教養還有品味[22]」，以及闡揚對話精神[23]，認為文化產業在生活

法（Bilton, C., 2000）。

政府關注文化產業固然為吾人所樂見，但不能忽視的是，理想的政府贊助文化產業的模式是要提供良好文化環境，想辦法讓文化事業成為可自己生存發展的產業，這才是對文化產業的真正扶植與照顧。文化產業確實有其經濟意義，然而，經濟不能取代文化的本質，而真正的文化不能用商業語言來評估，吾人仍然要小心避免如「文化搭台、經濟唱戲」等過於非文化之行為，將文化產業的經濟意涵導向非文化之方向。

[22] 吾人觀察，關於一般對「文化」的觀感，臺灣常見的一種矛盾是，對於必須花費極大氣力才能滿足基本物質需求的人而言，文化被認為是一種奢侈品；然而，對於富裕豪奢的人來說，文化又通常和消遣娛樂混為一談。然無論物質需求是否匱乏或身處社會何種階層領域，文化產業生活向度上對於生活美感的開發，以及產生文化和生活的對話，或可提供臺灣原先文化矛盾一可能之救贖之道。若說文化產業既然在文化上加入了產業意涵，那麼它販賣的究竟是什麼？經彙整提出：文化產業，販賣的是生活想像力、創意、教養還有品味。

文化是一種「生活想像力」。正如思想家盧梭所著的古典教育經典《愛彌兒》一書的基本主題「我想教給他的技能是如何生活」，文化產業想提供的正是生活中無所不在的想像力。文化是一種「生活創意」。文化必須和生活產生關聯和互動，文化不能自外於生活，生活激發文化的靈感，文化是一種趣味、一種生命的對應，提供生活多種創意的可能。文化是一種「生活教養」。塑造文化生活教養需要長期植根，讓文化成為一種生活、一種習慣、一種價值觀。文化是一種「生活品味」。文化生活品味是貫穿在點點滴滴的生活細節中的質感，是在生命中各式各樣的生活情境中去品味文化的不同面向。正如康德哲學名著《判斷力批判》所言：「品味的判斷是一種審美活動。」「品味」是美學上探討主題之一，討論如「品味判斷的性質」、「有無品味的高低」。品味可簡分為兩種：其一，「感官品味」，是一種判斷鑑賞感官知覺的能力，如品酒；其二，「美感品味」，是判斷美的能力，亦即排除心靈成見的能力。「什麼樣的生活品味才是好的？」是個長久爭論的課題，在後現代相對主義盛行的氛圍當中，單一品味已被顛覆與質疑，呈現新的品味情境。而文化產業所販賣的生活想像力、生活創意、生活教養還有生活品味，即生活美感的開發。

[23] 「對話」是一種極為傳統的新思維，西方古典希臘哲人柏拉圖（Plato）即寫作有《對話錄》，而在東方，對話精神的發揮在老莊哲學裡，老子「反者道之動」哲學中，本體的對話

上的生產意義應是無限的，開發出一個人對生活的美感，並讓文化與
生活產生對話都是一種生產。

其四，教育意涵：從「非制式成人教育[24]」及「文本的生產
性[25]」兩方面，來闡述文化產業之教育思維。認為文化產業是一非制

是在對立兩極中進行，但並非由一方壓倒一方，而是「有無相生，難易相成，長短相形，高
下相傾，音聲相合，前後相隨」。莊子《南華真經》一書半數以上由對話構成，其一生中也
不斷在同人對話；而「太極」圖像中兩極永遠不對峙，克服自己的極性後又各自回頭，共同
邁入二者之間的邊緣。

對話不僅指人與人之間透過語言進行的平等交流，也包括人與自然之間、人與歷代作品之
間、區域文化與區域文化之間的交流，對話會瓦解施者與受者，創造生產者與欣賞消費者之
間的阻礙，使兩者從疏離進入相互溝通的狀態，造就和諧完美的對話文化。對話不能只是單
方面的行為，否則文化產業只是如前述法蘭克福學派所謂的操縱擺布，未具有生產意義，可
以說，對話精神的闡揚正是文化產業生活向度的具體實踐。

[24] 文化產業是一「非制式教育環境」，是提供文化學習之良好環境。近三十年來受到一些哲
學家及發展學派心裡學大師皮亞傑（Piaget）等人的影響，有關「教育」本質的理論有所轉
變。教育的重心或學習概念，亦從注重文字書寫或原件作品本身，轉移到強調學習者的主動
參與、學習者與環境或對象的互動經驗與意義建構上（許功明，1998）。成人學習中以「自
我導向」為主的學習效果較佳，亦較易為人接受。可見教育重點在「學習」而非「教導」，
盡量以「無目的的目的」方式引發參與者潛在學習意念。通常對成人教育的探討多集中在
「制式」教育環境，然而成人學習者自主性極強，以自我導向為主的學習效果較合適，故在
非制式的自由環境中學習效果較佳，而文化產業正是一非制式教育環境，有效提供文化學
習，讓學習者置身其中，藉由與環境或對象的互動，主動參與文化氛圍之創建。

[25] 文化產業是一種深具生產意義之文本閱讀。「文本（text）」此一概念和西方當代思潮中的
結構主義（Structuralism）有著密切的關係，作為法國結構主義運動重要人物之一的羅蘭巴
特（Roland Barthes, 1915-1980）針對「文本」曾書寫《寫作的零度》（Barthes, R., 1991）。
其著名的文本理論「作者已死（The Death of the Author）」，認為在文化中，形象被壟斷地
集中於作者，他的人格、他的生活、他的興趣與他的激情。不論是藝術評論或是文學批評其
焦點多集中在「梵谷的作品源自於他的瘋癲」、「柴可夫斯基的作品根源於罪惡」，傳統解
讀中我們對作品的解釋評論總是在生產此作品的「作者」身上去尋找，我們只相信作者，找
到作者，文本就獲得解釋，面對一個作品，通常要確定是什麼人、什麼時間創作的，反映出
作者創作當時什麼樣的思想和情感狀態。於是，心理分析、社會歷史背景分析等成為基本的

式教育環境，是讓觀眾更樂於親近文化，創造「具生產性的文本閱讀」，提供文化終身學習之一良好環境，其教育意義正在於如何讓民眾親近文化，進行無聲的藝術文化教育。

　　總言之，「文化」與「產業」未必壁壘分明，為釐清「culture industry」此一詞彙，舉出其創立者德國法蘭克福學派之「文化工業」理論，將原理論之批判性有所梳理，進而提出，即便法蘭克福學派「文化工業」理論發人深省，然而，臺灣社會仍有必要推動文化產業，進而指出文化產業之意涵非僅有負面性，而是具有正面生產意義，在論述闡揚之下，文化產業有致力於解構傳統文化菁英迷思，讓文化更親近普羅大眾之「美學意涵」；文化產業並非只會消耗資源，而是可以協助經濟，具備有實質上「經濟意涵」；文化產業販賣生活想像力、創意、教養還有品味，具有開發生活美感，並讓文化與生活產生對話之「生活意涵」；且文化產業是一非制式教育環境，是

詮釋作品方式，如此，讀者沒有任何地位，可以說，經典批評中從未注意過讀者，作者才是唯一人稱。

巴特依此展開論述，主張我們應當站在「讀者的立場」上，要推翻作者主宰一切的神話，認為「讀者之生必須以作者之死為代價」，讀者之所以重要，是因為他成為各種書寫文本拼貼的見證者和實施者，他閱讀一部作品，實際上就是在參與創作，完成最後的創作程序。又由於作者的死亡，讀者可以由任何方式自由進入文本，而不存在某一路線就是正確而其他路線不正確的問題，或可說，其文本理論，確認讀者也具有「重寫者」的身分，於是作者及文學傳統中的標準可被拋在一旁，在解構中讀者獲得自由和解脫

同一時期，思想家史碧娃克（Gayatri Spivak）亦指出：「解構是一種生產性的而非保護性的閱讀。」「保護性閱讀」旨在維護原文及作者的合法地位，不容讀者插入其他個人意見和看法，而「生產性閱讀」則要求文本向讀者開放，容許讀者的意見和看法，讀者可以創造他們自己的意義（轉引自龍協濤，1997）。

理論上，任何事物都可以是「文本」而成為我們研究的對象，置身於文化產業亦是另一種「文本」閱讀，其間的生產性應是朝向閱聽觀眾開放的，吾人不應一味地決定觀眾該學習什麼，應要讓觀眾更樂於親近文化，樂於創造自發地學習，可以說，歡悅的「生產性閱讀」正可作為文化產業教育一個引人深思之思維面向。

提供文化終身學習之良好環境，具有讓民眾親近文化，進行無聲的文化教育之「教育意涵」。

　　綜上所言，本章回溯1990年代，呈現當時政策背景與時代氛圍，彼時文化創意產業政策尚未提出，直至2002年我國政府將「文化創意產業」列為「挑戰2008：國家重點發展計畫」中十大重點投資計畫之第二項，正式成為國家政策，於下一章接續探討。

第三章

臺灣文化創意產業政策分析（2002-2010）

第一節　2002年政策提出與初期內容

　　2002年行政院提出牽涉新台幣一兆兩千億元的「挑戰2008：國家發展重點計畫」，其十大重點投資計畫分別為：⑴E世代人才培育、⑵文化創意產業發展、⑶國際創新研發基地、⑷產業高值化、⑸觀光客倍增、⑹數位臺灣、⑺營運總部、⑻全島運輸骨幹整建、⑼水與綠建設、⑽新故鄉社區營造（行政院經濟建設委員會，2007）。

　　本研究所探討的「文化創意產業」被列為第二大項，跟以往1970年代「十大建設」相較，這回計畫中硬體建設的比例相當程度地下降，軟體建設相對提高，除了「文化創意產業發展計畫[1]」之外，另外如涵蓋文建會所屬社區營造計畫與地方文化館計畫的「新故鄉社區營造計畫[2]」，以及觀光產業政策之「觀光客倍增計畫[3]」等皆與本研究探討主題息息相關。

一、政策初期之推動範疇：行政院十三類、臺北市十二類、高雄市十一類之版本比較

　　文化創意產業之定義與目標為何？依據官方資料，行政院是經過跨部會「文化創意產業推動小組」討論，並參考聯合國教科文組

---

[1]　「文化創意產業計畫」策略：成立文化創意產業推動組織；培育藝術、設計與創意人才；整備創意產業發展環境；發展創意設計產業及創意媒體產業。計畫目標則訂為：開拓創意領土，結合人文與經濟發展文化產業。積極以產業鏈的概念型態，重新定義文化產業的價值，期開拓創意領域，結合人文與經濟以發展兼顧文化積累與經濟效益的產業。

[2]　「新故鄉社區營造計畫」策略：活化社區營造組織；社區營造資源整合；推動原住民新部落運動、新客家運動；發展醫療照顧服務社區化。計畫目標：利用在地資源，引入人才及創意，營造活潑多彩的地方社區。

[3]　「觀光客倍增計畫」策略：整備現有套裝旅遊路線；開發新興套裝旅遊路線及新景點；建置觀光旅遊服務網；宣傳推廣國際觀光；發展會議展覽產業。計畫目標：發展臺灣成為優質觀光目的地，並使來台旅客六年內成長到五百萬人次。

織[4]以及英國政府對於「文化創意產業」、「創意產業」的定義，將「文化創意產業」定義為：「源自創意與文化積累，透過智慧財產的形成與運用，具有創造財富與就業機會潛力，並促進整體生活環境提升的行業。」這項政策的終極目標是希望營造臺灣文化的競爭力，提升有特色的產業與產值，藉由文化活動與創意設計創造更多的經濟價值與文化認同，進而取得國際市場與價值定位（行政院文化建設委員會，2004）。

　　「文化創意產業」要推動的文創範疇究竟是什麼？

　　根據行政院跨部會的「文化創意產業推動小組」決議，將「視覺藝術」、「音樂及表演藝術」、「工藝」、「設計產業」、「出版」、「電視與廣播」、「電影」、「廣告」、「文化展演設施」、「數位休閒娛樂」、「設計品牌時尚產業」、「建築設計產業」和「創意生活產業」等十三個類別列入推動範疇。

　　上述為行政院部會的十三個推動範疇，相較於中央政府，直轄市的臺北市與高雄市另委託學界研究提出城市文創範疇：

　　臺北市類別則包括：歷史建築與古蹟、視覺藝術、表演藝術、出版、流行音樂、產品設計、時尚設計、廣告、電影、廣播與電視、藝術品與古董市場、美食文化等十二類（臺北市文化局，2007）。

　　高雄市文化創意產業則分為十一類：包括核心藝術、出版產業、設計產業、建築產業、廣告產業、廣播電視產業、電影產業、文化展演服務產業、數位內容產業、創意生活產業、文化觀光產業。

4　聯合國教育、科學及文化組織（United Nations Education、Scientific and Cultural Organization；簡稱聯合國教科文組織，UNESCO），屬聯合國專門機構。1946年11月正式成立，同年12月成為聯合國的一個專門機構。總部設在法國巴黎。其宗旨是通過教育、科學和文化促進各國間合作，對和平和安全做出貢獻。

依據高雄市政府文化局委託進行的文化產業調查研究計畫指出：

> 與同為直轄市的臺北市分類相比較，可以看出臺北市試
> 圖找出更細微的分類屬性，始能有更清楚的區隔策略，
> 例如：「藝術品與古董市場」、「歷史古蹟與建築」、
> 「美食文化」等，這是一種運用其城市的文化資源優勢
> 的做法。而高雄市的分類，基本上與中央的分類方式較
> 吻合，乃是希望結合中央發展文化創產業的政策資源。
> 此外，我們將高雄市的分類中，特別加入文化觀光產業
> 一項。近年來，高雄市政府致力於城市景觀的改造工
> 程，這些基礎建設，都使高雄市有潛力發展文化觀光產
> 業，且文化觀光產業具有帶動其他文化創產業發展的火
> 車頭效益。（呂弘暉，2005）

地方政府對於中央政府有不同對應。臺北市企圖有別於中央，標
舉出城市屬性的定位，而首都以外的高雄市則由於地方政府預算較有
限，須部分仰賴中央政府的補助，故再三斟酌於如何與中央政府的對
應，而在推動範疇的設定上同中有異。值得關注的是，高雄市當時即
特別加入「文化觀光產業」一項。唯北、高兩市之調查研究僅為學界
調查報告，後續執行有限。

然針對臺灣文創政策初期中央與地方三種不同版本的範疇推動，
值得吾人關注的是，若參酌文建會對於中央與地方之角色分工之說
明：

> 環顧我國整體的文化創意產業，過去未被重視，基礎薄
> 弱，但是卻有雄厚的發展潛力，中央政府首先應該研究
> 調查現況，並且制定政策方向。其次針對基礎資源的缺

乏，進行人才培育與環境的整備，包括經營管理的人才，國際視野的開拓，法令制度的齊備，以及空間運用的提供，是中央政府基礎工程。地方政府配合中央政府政策理念的宣導，執行各項業務與法制等行政程序，了解在地的產業情況，調查與蒐集地方文化創意產業訊息，提供正確市場訊息與情報，讓產業界能夠據以規劃發展方向。（行政院文化建設委員會，2004）

　　本研究分析，即或當時文建會對於中央與地方推動的分工有所設定，但初期推動時並無相對應之補助地方政府執行之政策計畫，於是，政策新推出內容尚不明確，加上以地方政府的財政狀況，若無中央計畫督促與資源下放，難以針對文化創意產業有所著力，故初期文創推動僅屬口號理念推廣。

二、政策演變：部會權責分工向「經濟」走？向「文化」走？

　　上述因應推動範疇的差異，亦牽涉到對應的中央部會分工中，究竟文化部門的角色扮演為何、資源為何、是否具有主導性等。

　　依據「行政院文化創意產業推動組織架構」（行政院文化建設委員會，2004），「文化創意產業計畫」十三個推動範疇分屬文建會、經濟部、新聞局與內政部，列表如下：

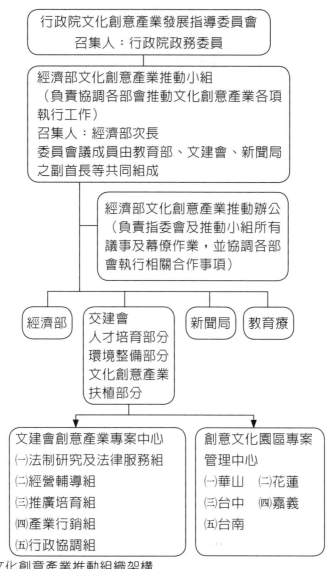

圖4 行政院文化創意產業推動組織架構

表2　初期文化創意產業十三類主管機關與產業別

文建會主管	產業說明
視覺藝術產業	凡從事繪畫、雕塑及其他藝術品的創作、藝術品的拍賣零售、畫廊、藝術品展覽、藝術經紀代理、藝術品的公證鑑價、藝術品修復等之行業均屬之。
音樂與表演藝術產業	凡從事戲劇（劇本創作、戲劇訓練、表演等）、音樂劇及歌劇（樂曲創作、演奏訓練、表演等）、音樂的現場表演及作詞作曲、表演服裝設計與製作、表演造型設計、表演舞臺燈光設計、表演場地（大型劇院、小型劇場、音樂廳、露天舞臺等）、表演設施經營管理（劇院、音樂廳、露天廣場等）、表演藝術經紀代理、表演藝術硬體服務（道具製作與管理、舞臺搭設、燈光設備、音響工程等）、藝術節經營等之行業均屬之。
文化展演設施產業	凡從事美術館、博物館、藝術館（村）、音樂廳、演藝廳經營管理暨服務等之行業均屬之。
工藝產業	凡從事工藝創作、工藝設計、工藝品展售、工藝品鑑定制度等之行業均屬之。
新聞局主管	產業說明
電影產業	凡從事電影片創作、發行映演及電影周邊產製服務等之行業均屬之。
廣播電視產業	凡從事無線電、有線電、衛星廣播、電視經營及節目製作、供應之行業均屬之。
出版產業	凡從事新聞、雜誌（期刊）、書籍、唱片、錄音帶等具有著作權商品發行之行業均屬之。但從事電影發行之行業應歸入8520（電影片發行業）細類，從事廣播電視節目及錄影節目帶發行之行業應歸入8630（廣播節目供應業）細類。
經濟部主管	產業說明
廣告產業	凡從事各種媒體宣傳物之設計、繪製、攝影、模型、製作及裝置等行業均屬之。獨立經營分送廣告、招攬廣告之行業亦歸入本類。

設計產業	凡從事產品設計企劃、產品設計、機構設計、原型與模型的製作、流行設計、專利商標設計、品牌視覺設計、平面視覺設計、包裝設計、網頁多媒體設計、設計諮詢顧問等之行業均屬之。
數位休閒娛樂產業	凡從事數位休閒娛樂設備、環境生態休閒服務及社會生活休閒服務等之行業均屬之。(1)數位休閒娛樂設備：3D VR設備、運動機台、格鬥競賽機台、導覽系統、電子販賣機台、動感電影院設備等。(2)環境生態休閒服務：數位多媒體主題園區、動畫電影場景主題園區、博物展覽館等。(3)社會生活休閒服務：商場數位娛樂中心、社區數位娛樂中心、數位休閒事業、親子娛樂學習中心、安親班／學校等。
設計品牌時尚產業	凡從事以設計師為品牌之服飾設計、顧問、製造與流通之行業均屬之。
創意生活產業	凡從事符合下列定義之行業均屬之：(1)源自創意或文化積累，以創新的經營方式提供食、衣、住、行、育、樂各領域有用的商品或服務。(2)運用複合式經營，具創意再生能力並提供學習體驗活動。
內政部主管	產業說明
建築設計產業	凡從事建築設計、室內空間設計、展場設計、商場設計、指標設計、庭園設計、景觀設計、地景設計之行業均屬之。

　　觀察上表並參酌文獻，當時文建會積極辦理「文化創意產業發展計畫」負責規劃執行的子計畫共計八項，推動文化創意產業的方向著重於表演藝術、視覺藝術、傳統工藝藝術及數位藝術創作的產業化等，統整為「文建會創意產業發展計畫」分為「人才培育」、「環境整備」，及「文化創意產業扶植」三部分區塊，期程為2003至2007年，並將2003年列為文化產業年。然而，整個資源仍受限於「文化創意產業」整個政策主導其實在於「經濟部文化創意產業推動小組」，分屬四個部會的權責推動。

　　本研究關注的是，文化創意產業在當時到底是被定位為一個「文

化政策」？抑或是「經濟政策」？

　　若以推動範疇檢視，則扣除新聞局掌管的「出版」、「電視與廣播」、「電影」；內政部主管的「建築設計產業」之外。事實上，經濟部除了是「文化創意產業推動小組」的主政單位之外，其在計畫中轄下有最多項的項目：「設計產業」、「廣告」、數位休閒娛樂」、「設計品牌時尚產業」與「創意生活產業」等。

　　若參酌歷年「文化創意產業年報」，吾人觀察，以經濟部會為首的推動方式，無怪乎許多文化藝術界人士對此有許多疑慮：

> 「文化創意產業」推動之初，一切都在摸索中，民間對文建會政策是否傾向「市場化」、將藝術發展交由商業機制決定憂心不已，舞蹈家林懷民發表演講，提醒文建會重視「培基固本」，必須「先談文化、後談產業」，引起廣泛共鳴。（陳郁秀，2006）

> 「文化創意產業」是近年來風靡全球、最魔幻的流行名詞，各國努力開發這個新興產業。……這些年在臺灣，政府也熱中於文化創意產業的發展，但似乎找不到明顯的努力的方法……到頭來，「文化創意產業」原來是為「產業」服務，而不是為「文化」或「創意」服務。創意變成不過是資本市場另一項可剝削的原料而已。（賴聲川，2006）

　　若回歸行政面來探究，實其來有自，因為究其根柢，「文化創意產業」，雖以「文化」兩字為首，然在國家政策擬定上，其作為「經濟政策」之考量，其實是大於被認為是「文化政策」來看待，經濟部會才是計畫核心主導者。

　　然而，應避免將文化產業的經濟意涵導向非文化方向。經濟部會

與文化部會的權屬如何釐清再界定？往經濟走？往文化走？成為當時政策發展變遷的一個重要議題。

第二節　2010年《文化創意產業發展法》分析

　　承上述，文化創意產業在臺灣，以國家文化政策被提出，始於2002年行政院正式將「文化創意產業」列為「挑戰2008：國家重點發展計畫」中十大重點投資計畫，「這是臺灣首次將抽象的文化軟體，視為國家建設的重大工程」，深受各界關注（行政院文化建設委員會，2004）。

　　然而，文化創意產業，初期在經濟部會主政下，作為「經濟政策」被看待，遠大於作為「文化政策」被看待，在各方疑慮與觀望間，經過諸多討論調整，將政策法制化，《文化創意產業發展法》於2010年經立法院三讀通過總統令制定公告。

一、各國推動範疇比較與臺灣15+1範疇內容

　　行政院文化建設委員會（2004）將「文化創意產業發展計畫」推動範疇與各國比較如下表：

表3　各國文化創意產業範疇比較

國別或研究建議	類別數	視覺藝術	表演藝術	工藝	設計	時尚設計	出版	廣播電視	電影	廣告	建築	音樂產業	文化設施	軟體及電腦服務	互動休閒軟體	其他
聯合國教科文組織	約12類	視覺藝術	表演藝術	工藝與設計			印刷出版		電影	廣告	建築	歌舞劇與音樂的製造		多媒體、視聽產品		文化觀光　運動

國家	類別	藝術／視覺藝術	表演藝術	工藝	設計	時尚設計	出版	廣播電視	電影及錄影帶	廣告	建築	音樂	軟體及電腦服務	互動休閒軟體／電玩／遊戲	動畫產業	人物產業
英國	13類	藝術及古董市場	表演藝術	工藝	設計	時尚設計	出版	廣播電視	電影及錄影帶	廣告	建築	音樂產業	軟體及電腦服務	互動休閒軟體		
韓國	6類						漫畫產業		電影產業			音樂產業		電玩產業	動畫產業	人物產業
香港	13類	視覺藝術及工藝	表演藝術		設計	時尚設計	出版 漫畫產業	電視	電影	廣告	建築	音樂	軟體及電腦服務	遊戲軟體		
紐西蘭	10類（實13類）	視覺藝術（精緻藝術、工藝與古董			設計	時尚設計	出版	電視與電台	電影及錄影帶	廣告	建築	音樂與表演藝術	軟體及電腦服務（包括休閒軟體）			

分類來源	類別數																
澳洲	10類		娛樂業及劇場		設計			文學出版雜誌	電影電視錄影帶及廣播					圖書館／博物館美術館／動物園植物園	多媒體	社區文化發展	
經濟部小組決議	13類	視覺藝術	音樂及表演藝術	工藝	設計產業		設計品牌時尚	電視與廣播		電影	廣告	建築設計		文化展演設施	數位休閒娛樂	創意生活	
現階段臺灣文化創意產業法推動範疇	16類	視覺藝術產業	音樂及表演藝術產業	工藝產業	產品設計產業	視覺傳達設計產業	設計品牌時尚產業	出版產業	廣播電視產業	電影產業	廣告產業	建築設計產業	流行音樂及文化內容產業	文化資產應用及展演設施產業	數位內容產業	創意生活產業	其他中央主管機關指定之產業

（最後一列「現階段臺灣文創法推動範疇」為研究者新增）

　　根據《文化創意產業法》，產業選定原則包含就業人數多或參與人數多、產值大或關聯效益大、成長潛力大及原創性高或創新性高及附加價值高三項，列表如下：

表4　「文化創意產業發展法」之文創產業範疇15＋1項

產業類別	中央目的事業主管機關	內容及範圍
一、視覺藝術產業	文化部	指從事繪畫、雕塑、其他藝術品創作、藝術品拍賣零售、畫廊、藝術品展覽、藝術經紀代理、藝術品公證鑑價、藝術品修復等行業。
二、音樂及表演藝術產業	文化部	指從事音樂、戲劇、舞蹈之創作、訓練、表演等相關業務、表演藝術軟硬體（舞臺、燈光、音響、道具、服裝、造型等）設計服務、經紀、藝術節經營等行業。
三、文化資產應用及展演設施產業	文化部	指從事文化資產利用[5]、展演設施（如劇院、音樂廳、露天廣場、美術館、博物館、藝術館（村）、演藝廳等）經營管理之行業。
四、工藝產業	文化部	指從事工藝創作、工藝設計、模具製作、材料製作、工藝品生產、工藝品展售流通、工藝品鑑定等行業。
五、電影產業	文化部	指從事電影片製作、電影片發行、電影片映演，及提供器材、設施、技術以完成電影片製作等行業。
六、廣播電視產業	文化部	指利用無線、有線、衛星或其他廣播電視平臺，從事節目播送、製作、發行等之行業。

---

[5]　所稱文化資產利用，限於該資產之場地或空間之利用。

產業類別	中央目的事業主管機關	內容及範圍
七、出版產業	文化部	指從事新聞、雜誌（期刊）、圖書等紙本或以數位方式創作、企劃編輯、發行流通等之行業[6]。
八、廣告產業	經濟部	指從事各種媒體宣傳物之設計、繪製、攝影、模型、製作及裝置、獨立經營分送廣告、招攬廣告、廣告設計等行業。
九、產品設計產業	經濟部	指從事產品設計調查、設計企劃、外觀設計、機構設計、人機介面設計、原型與模型製作、包裝設計、設計諮詢顧問等行業。
十、視覺傳達設計產業	經濟部	指從事企業識別系統設計（CIS）、品牌形象設計、平面視覺設計、網頁多媒體設計、商業包裝設計等行業[7]。
十一、設計品牌時尚產業	經濟部	指從事以設計師為品牌或由其協助成立品牌之設計、顧問、製造、流通等行業。
十二、建築設計產業	內政部	指從事建築物設計、室內裝修設計等行業。
十三、數位內容產業	經濟部	指從事提供將圖像、文字、影像或語音等資料，運用資訊科技加以數位化，並整合運用之技術、產品或服務之行業。
十四、創意生活產業	經濟部	指從事以創意整合生活產業之核心知識，提供具有深度體驗及高質美感之行業，如飲食文化體驗、生活教育體驗、自然生態體驗、流行時尚體驗、特定文物體驗、工藝文化體驗等行業。

---

[6] ⑴數位創作係指將圖像、字元、影像、語音等內容，以數位處理或數位形式（含以電子化流通方式）公開傳輸或發行。⑵本產業內容包括數位出版產業價值鏈最前端數位出版內容之輔導。

[7] ⑴視覺傳達設計產業包括「商業包裝設計」，但不包括「繪本設計」。⑵商業包裝設計包括食品、民生用品、伴手禮產品等包裝。

產業類別	中央目的事業主管機關	內容及範圍
十五、流行音樂及文化內容產業	文化部	指從事具有大眾普遍接受特色之音樂及文化之創作、出版、發行、展演、經紀及其周邊產製技術服務等之行業。
十六、其他經中央主管機關指定之產業		指從事中央主管機關依下列指標指定之其他文化創意產業：產業提供之產品或服務具表達性價值及功用性價值。產業具成長潛力，如營業收入、就業人口數、出口值或產值等指標。

　　檢視上述二表，將臺灣與聯合國教科文組織或其他各國相較，可發現臺灣計15＋1類最多，企圖涵蓋所有可能，將其包含在文化創意產業之推動。

　　「文化觀光」此項，其被聯合國教科文組織研究建議列入文創推動範疇之類別，然而，即或文化觀光在臺灣甚受注目[8]，卻未選列於文創範疇中，梳理文獻，係因當時2002年「挑戰2008國家重點發展計畫」中，除「文化創意產業發展計畫」外，已有同位階的另一大項「觀光客倍增計畫」，故未將觀光列入文創產業範疇，而另單獨列一大項，有其時空背景因素。然而，文化觀光與文化創意產業之密切聯結，為國際社會重視。

　　表中與觀光較有關聯為「文化資產應用及展演設施產業」與「創意生活產業」範疇，相較於其他國家選列「博物館」、「美術館」、「圖書館」等，臺灣版本為「文化資產應用及展演設施產

8　臺灣原有成立「文化觀光部」之議，後經民間輿論多方討論，行政院組織改造推動小組於2008年12月16日召開會議，決議為：考量到觀光業務在交通部下運作順暢，觀光涉及文化的成分，可以透過跨部會平臺來強化，所以決定觀光業務仍屬交通部職掌，單獨把文建會提升為文化部。

業」[9]，指文化展演產業發展的基地，依據文建會的資料顯示，其原因在於：「我國文化設施大都爲各級政府所興建及經營，爲引進民間資源投入文化設施營運與管理，創造具有臺灣主體文化特色的文化設施（建築）地標，建構臺灣本土文化與世界文化產業接軌的橋樑，達成以文化帶動產業發展的目標，進而提升文化設施經營績效與服務品質，特將此產業納入文化創意產業範疇。」（行政院文化建設委員會，2004）

　　較爲特殊者爲「創意生活產業」依據經濟部資料2004年修正資料，「創意生活產業」係指「以創意整合生活產業之核心知識，提供具有深度體驗及高質美感之產業。源自創意或文化積累，以創新的經營方式提供食、衣、住、行、育、樂各領域有用的商品或服務，以及運用複合式經營，具創意再生能力並提供學習體驗活動。」爲我國獨具一格之項目。計畫背景乃在於因應知識經濟時代，傳統產業亟待轉型，產業結構變遷，結構性失業人口持續攀升；國民生活品味提升，注重精緻、創意、舒適、便利及高品質的生活。企圖協助產業升級與轉型，將「製造臺灣」提升爲「知識臺灣」（行政院經濟部工業局，2004）。表中其他國家範疇並無此類，係屬臺灣獨有的範疇，與觀光產業較爲相關，然因定位不明，歷年官方出版之《文化創意產業年報》皆未能對此項有明確產值，尚未能明確有效推動。

二、找尋定位：政策執行的挑戰

　　值得關注的是，本研究前述提及，臺灣文化產業最早提出的概念，是被視爲「社區總體營造」價值之一，文建會在1995年提出「文化產業化、產業文化化」，並推動社區型文化產業計畫相關計畫，2002年，文化創意產業政策被視爲國家政策提出，然社區總

---

[9] 前爲「文化展演設施」，指文化展演產業發展的基地，後增列包含文化資產應用之場地或文資空間之利用。

體營造理念畢竟與文化產業概念有所差異，以致對於文化產業的理解，常停留在傳統、鄉村型初級產業。這樣的弔詭，促使學界，或經由文化經濟分析，或是基於社造共同體立場，提出將兩者區隔之見解：

> 臺灣文化政策中的「文化產業」到「文化創意產業」之間明顯有一種落差，這種落差特別顯現在文化的定義與強調的價值。「文化產業」傾向以傳統、鄉土、人類學式的生活內涵來思考文化的定位；而「文化創意產業」則模糊文化的邊界，將具有生產文化符號意義的產品都視為文化的展現。此外，在「文化產業」的背後具有高度地方關懷與社區認同的情調，並不完全從經濟價值來思考；相較之下「文化創意產業」更像是一個產業政策。「文化產業」政策接近「社區總體營造政策」，強調的的價值是「社區、認同、傳統與個別性」；而「文化創意產業」政策接近「知識經濟」，強調的價值是「經濟、創意」。（王俐容，2005）
>
> 文化創意產業實際上有兩種：一種是與地方傳統、在地社區生活息息相關、以社區共同體為基礎所發展的「社區型」文化產業，而另一種則是含括了傳播產業、設計產業、藝術產業等，具有大量生產、複製、傳播特質的「通用型」文化創意產業。（黃世輝，2006）

若回溯臺灣推動「社區總體營造」歷史，其精神在於：社造同時也是臺灣社區與全球化對話的窗口，所謂「glocalization」；在這兩條件下，臺灣的社造運動於傳統和環境的取捨中是有折衷的，透過地方主體性的建立，來和外界對話，創造多樣性，才不會淹沒在全球標

準化的浪頭之中。

　　然本研究以為，社造「權力下放」、某種「反專業」的理念思維，雖有其左派思想關懷之存在，並造成臺灣文化生態之質變，其重視「在地化」與「找尋特色」亦為「文化創意產業」所關懷之面向，然而「文化創意產業」是否需要「在地化」到「社區」這麼小的單位？

　　文建會明白表示：「社區總體營造」理念畢竟與「文化產業」的概念有所差異，以致過去對於「文化產業」的思維，仍停留在傳統、鄉村型的初級產業（行政院文化建設委員會，2004）。

　　如何將社區營造概念的地方產業，與文化創意產業進行必要的區隔，並審慎研擬以文化創意產業格局開展之對應計畫，為文化創意產業發展重要課題之一。下節聯結國際憲章探討文化創意產業與文化多樣性。

第三節　文創與「文化多樣性（cultural diversity）」

　　前述章節探討文化創意產業政策背景、提出，直至法制化，值得進一步思考的是，文化創意產業已然成為國內外潮流議題，然而，「為什麼我們要重視文化創意產業？」本研究以此思考點提問。首先，先從聯合國「文化多樣性」理解起。

一、國際「文化多樣性」憲章

㈠文化多樣性宣言

　　2001年9月美國紐約雙子星大廈等處遭恐怖攻擊，即所謂「九一一事件」。事件之後，世界各地在不同價值觀以及社會民情下，產生不同反應，喚醒世人自這場災難中反思且自省。不到二個月，聯合國教科文組織於2001年11月，通過〈世界文化多樣性宣言（UNESCO Universal Declaration on Cultural Diversity）〉，宣言前三條分別為：

第一條「文化多樣性：人類的共同遺產文化（Cultural diversity: the common heritage of humanity）」，在不同的時代和不同的地方，具有各種不同的表現形式。這種多樣性的具體表現，是構成人類的各群體和各社會的特性所具有的獨特性和多樣化。文化多樣性是交流、革新和創作的源泉，對人類來講就像生物多樣性，對維持生物平衡那樣必不可少。從這個意義上講，文化多樣性是人類的共同遺產，應當從當代人和子孫後代的利益考慮予以承認和肯定。

第二條「從文化多樣性到文化多元化（From cultural diversity to cultural pluralism）」，在日益走向多樣化的當今社會中，必須確保屬於多元的、不同的和發展的文化特性的個人和群體的和睦關係和共處。主張所有公民的融入和參與的政策是增強社會凝聚力、民間社會活力及維護和平的可靠保障。因此，這種文化多元化是與文化多樣性這一客觀現實相應的一套政策。文化多元化與民主制度密不可分，它有利於文化交流和能夠充實公眾生活的創作能力的發揮。

第三條「文化多樣性發展的因素（Cultural diversity as a factor in development）」，文化多樣性增加了每個人的選擇機會；它是發展的源泉之一，它不僅是促進經濟增長的因素，而且還是享有令人滿意的智力、情感、道德精神生活的手段。（United Nations Educational, Scientific and Cultural Organization, 2002）

通篇宣告文化多樣性對人類來講，就像生物多樣性對維持生物平

衡那樣必不可少，確認文化多樣性必須予以保護並推動；文化商品及服務具獨特性，有別於一般商品及服務；會員國政府有權制定其文化政策並據以實施，以保存文化資產及促進文化與語言之多元表現；國際應合作保護促進文化多樣性等。

　　教科文組織通過〈世界文化多樣性宣言〉後，聯合國大會隨即在其57/249號決議中歡迎此一宣言，與執行宣言的《行動計畫》要點，並訂定每年5月21日為「世界文化多樣性促進對話和發展日（World Day for Cultural Diversity for Dialogue and Development）」，強調文化的豐富，對社會繁榮與國際和平共處的潛在作用，以彰顯和平與團結價值，並發起「為多樣性和包容做一件事（Do One Thing）」運動，以加深人們對於文化多樣性價值理解，表達所有文化具有同等尊嚴和權利，了解如何更好地相處。

(二) 保護與促進文化表現形式多樣性公約

　　緊接著，2005年10月更通過《保護與促進文化表現形式多樣性公約》（UNESCO Convention on the Protection and Promotion of the Diversity of Cultural Expressions），簡稱《文化多樣性公約》，於2007年3月正式生效[10]，象徵國際社會捍衛世界文化多樣性的努力取得重大成果，意味文化多樣性原則，被提高到國際社會應遵守之倫理道德高度，並具國際法律文書性質，是當前最為前瞻的國際文化憲章。

　　公約第一條敘明，其目標有九項：

10　《文化多樣性公約》自2005年10月於教科文組織大會通過後，該公約須經三十個國家批准，並將批准文書遞交聯合國教科文組織祕書處三個月後生效，這項三十個國家批准的門檻，在十三個國家與歐盟於2006年12月18日遞交批准文書後正式跨越，僅一年多批准的國家數就已超過生效所需數目，也是該組織所有有關文化的國際公約中，批准的國家數增加最快的一個公約。

㈠保護和促進文化表現形式的多樣性；

㈡以互利的模式為各種文化的繁榮發展和自由互動創造條件；

㈢鼓勵不同文化間的對話，以保證世界上的文化交流更廣泛和均衡，促進不同文化間的相互尊重與和平文化建設；

㈣加強文化間性，本著在各民族間架設橋樑的精神開展文化互動；

㈤促進地方、國家和國際層面對文化表現形式多樣性的尊重，並提升對其價值的認識；

㈥確認文化與發展之間的聯繫對所有國家，特別是對開發中國家的重要性，並支援為確保承認這種聯繫的真正價值，而在國內和國際採取行動；

㈦承認文化活動、產品與服務具有傳遞文化特徵、價值觀和意義的特殊性；

㈧重申各國擁有在其領土上，維持、採取和實施他們認為合適的保護和促進文化表現形式多樣性的政策和措施的主權；

㈨本著夥伴精神，加強國際合作與團結，特別是要提升開發中國家保護和促進文化表現形式多樣性的能力。

（United Nations Educational, Scientific and Cultural Organization., 2005）

公約第四條定義「文化多樣性」與「文化政策和措施」為：

「文化多樣性」指各群體和社會，藉以表現其文化的多

種不同形式，這些表現形式在他們內部及其間傳承。文
化多樣性不僅體現人類文化遺產，透過豐富多彩的文化
表現形式來表達、弘揚和傳承的多種模式，也借助各種
模式和技術進行的藝術創造、生產、傳播、銷售和消費
的多種模式呈現。

「文化政策和措施」指地方、國家、區域或國際層面
上，針對文化本身或為了對個人、群體或社會的文化表
現形式，產生直接影響的各項政策和措施，包括與創
作、生產、傳播、銷售和享有文化活動、產品與服務相
關的政策和措施。（United Nations Educational, Scientific
and Cultural Organization, 2005）

　　本研究觀察，《文化多樣性公約》是對經濟全球化下的文化霸權
的一種反省回應，文化全球化造成某些文化基因流失，文化單一化使
人類創造力枯竭。《文化多樣性公約》確認文化產品不同與一般商
品，具有經濟與文化的雙重屬性，公約生效讓各國自主制定文化多樣
性政策，尤其為弱勢文化發展提供空間。

　　《文化多樣性公約》反映國際間保護文化嶄新概念，強調在尊重
人權與基本自由、尊重國家主權、加強國際合作等原則下，達成保護
與促進文化表現形式之多樣化，在互利基礎下交流、促進對話，並確
認各國在擬定促進文化多樣性及加強國際合作之文化政策，擁有各國
主權，該公約獨創性承認文化產品和活動，具經濟和文化雙重性，並
鼓勵其自由流動，從而建立一個真正促進合作與發展的國際平臺。

文化多樣性正深層地挑戰文化政策等的傳統形式。在大
部分國家裡，藝術與文化領域並未反映出一個已經改變
的社會情境的真實性。（Moss, 2005）

　　文化多樣性被視為當下最前瞻的文化政策趨勢，強調只有承認和頌揚多樣性，才能實現一個和平與團結的世界。隨著全球各地交流加強，世界各國人民正生活在一個相互聯繫和相互依賴的世界上。然而，從簡單地意識到他人權利、價值觀和理想，到真正深刻對此加以理解，仍有一定差距。這就需要對「文化多樣性」展開切實教育，彰顯所有文化具有同等尊嚴和權利，而人類文明進步的最高形式就是和平。

　　　　後現代社會變化的偶發特質必須逐漸以全球的概念來理解，多元文化主義的可行性與內涵奠基於目前熱烈的論辯結果上，充滿無數可能性。……這些問題的解答，將決定於一個國家如何在多元文化主義中定義自己，以及將用何方式呈現多元文化主義，又呈現何種內容。這些問題的答案將透過政治產生，也因此答案將取決於各國的權力型態，是偏好包容的世界觀，還是排他的本土觀？（Kivisto, 2007）

　　本研究以為，UNESCO《世界文化多樣性宣言》與《文化多樣性公約》等憲章，對文化多樣性之推展，以及對當代文化行動有積極肯定之效力，然而，高調的政策理念在實際執行上仍有待實踐，當務之急是採取促進文化多樣性的具體策略，將其作為對話和發展的第一優先。臺灣雖因政治情勢，非屬聯合國會員國，仍應以公約要求，保護和發展臺灣文化多樣性，與世界分享。

二、省思「為何重視文化創意產業」

　　承上，本研究以為，藉由文化創意產業政策的推動，來開展臺灣的「文化多樣性」，是臺灣社會可以努力，並與國際聯結之面向，值得多所關注，故接續探討如下：

㈠文化全球化與「文化例外」

本研究觀察，「全球化（globalization）」此一名詞，原先是經濟學用語，1987年全球關稅暨貿易總協定（General Agreement on Tariffs and Trade，簡稱GATT）會議，與會國達成共同理想：將先進生產機制分享發展中國家，開始所謂「經濟全球化」風潮，伴隨而來的「文化全球化」，可能造成對文化多樣性影響諸如：次文化被主文化同化、傳統文化生存不易、地方特色文化被通俗文化湮滅等等，全球化趨勢讓許多人對歷史與地方的依賴感愈來愈淡薄，其在經濟面上帶來的重大考驗，亦使如法國在當年磋商WTO入會條件時，要求將藝術文化產業，排除在自由貿易條件之外。

法國政府認為，文化的多元特性乃一國賴以維繫傳統之不可或缺因素，文化產業不可等同於普通商品視之，文化產業性質特殊，自然有政府扮演特別規範角色之空間。而且法國的文化產業急需國家力量介入、保護，免得被美式通俗文化吞沒。於是，在法國的堅持下，歐盟諸國參與世貿組織WTO的談判條件中將明訂「文化產業保護原則」成為歐盟參加WTO談判的立場。歐盟且將「文化例外保護原則」的內容具體化，定為各會員國為求保持本土文化特性，均得自行制定影像、聲音等文化產品輸入策略，免於自由貿易協定之拘束。

1990年代以來，文化全球化浪潮席捲各地，各國紛紛以發展在地文化特色予以應變，全球經貿體系下「文化例外」的主張，維護文化藝術多元發展與主體性。文化政策在確保思想和作品自由交流情況下，創造有利於生產和傳播文化物品和文化服務的條件。國家在遵守國際義務前提下，制定各國文化政策，並採取合適行動方案。

以南韓為例，Haksoon指出，南韓文化政策演變確定文化認同的特殊性，被視為文化政策最優先。而「多元文化主義、文化差異、文化全球化等問題全部與文化認同問題緊密相關。……重建文化認同的文化政策範圍的改變，從文化遺產與傳統藝術擴展到當代藝術與常民生活，而致1990年代大眾文化與文化產業。文化認同政策不僅作為抵抗文化全球化的手段，亦作為民族文化藝術全球化的工具，以增進

國際競爭力。……綜言之，文化認同的問題依舊顯著地影響文化政策的形塑。」（Haksoon, Y., 2002）

這些議題皆引發吾人思考：文化的未來要交給自由市場負責，還是要透過各種不同文化政策手段來保護文化認同？

㈡ 聯合國教科文組織（UNESCO）

對照聯合國中負責執行全球文化政策的單位聯合國教科文組織之脈絡。1945年11月於倫敦召開「聯合國教育文化會議」，經三十七個聯合國加盟國決議簽署「聯合國教科文組織憲章（The Charter of UNESCO）」，並於翌年正式生效。其首要任務是通過教育、科學、文化與傳播，在人類思想中建設和平，認為和平是建立在尊重差異和開展對話基礎上的自覺行為。教科文組織期望促成這種對話，促進各國人民進行合作，並在不損及後代遺產的前提下，滿足人們的各種願望，並幫助各國締造基於人權和民主的和平文化。其致力於各國國民的教育科學文化合作及交流，以促進國際和平及人類福祉為目的，包括語言、宗教、性別、種族等。語言的保存轉化為人權概念，締結無數相關公約，擁有近二百個會員國。

1945年，教科文組織制定武裝衝突事件的文化資產保護公約，首度將藝術納入保護範圍。1960年代，新興獨立國家的整併，一改過去二戰後強調的以文化促進第三世界國家合作，轉為以理性促成發展。1969年，聯合國教科文組織委任一系列文化政策研究與文件紀錄叢書，陳述教科文組織不應擔任「定義各國文化政策」的角色。但強調「文化發展」的四個面向：⑴將文化政策整和進一般性計畫中；⑵強調各會員國有責任以公部門的力量取代私人盤踞公共領域；⑶文化事務的主管單位應去中心化，並充分授權給文化機構、給予相對的自主性；⑷加強國家主體的認知，特別是針對發展中國家（Miller.T & Yudice, G., 2006）。

值得注意的是，1970年代以來，教科文組織成為第三世界國家宣示權益的重要場域。1970年，制定禁止文化資產非法進出口

和產權移轉辦法之公約，並且是針對特定主權國家的文化資產保護法令。教科文組織與國際博物館協調會防範不受法律制約的非法交易。1982年，制定文化資產法，文化主義者、第三世界利用教科文組織回應西方經濟、政治優勢的宰制。

　　回到本研究的提問：我們為何要重視文化創意產業？

　　　　國際統合的文化創意產業相關定義，以聯合國教科文組織觀點：「文化產業，通常指那些內容的結合創作、生產與商業，並且內容的本質上是無形資產與具文化概念的，而且通常藉由智慧財產權的保護，可以以產品或服務的形式來呈現。」這項宣言顯然是國際間以文化產業作為施政重點時，所承受的時代潮流而影響，除了各國文化現象能有所發展外，對於新興國家，或是第三世界開發中的國家，事實上有相當程度的鼓舞作用，尤其提倡多元文化與文化自主的宣言中，文化產業已傾向民族自決與民主權的闡述，所以科教文的立場：「文化產業的重要性在於宣傳及維護文化多樣性，確保文化的民主權。」此外，這些文獻必然是普遍性與時代潮流所應實施的規範與理想。（黃光男，2011）

　　可知，聯合國教科文組織認為：「文化產業的重要性在於宣傳及維護文化多樣性，確保文化的民主權。」

　　而前述提及其2005年通過的《文化多樣性公約》，亦在公約第四條中納入「文化活動、產品與服務」與「文化產業」，將其定義為：

　　　　「文化活動、產品與服務」是指從其具有的特殊屬性、

用途或目的考慮時，體現或傳達文化表現形式的活動、
產品與服務，無論他們是否具有商業價值。文化活動可
能以自身為目的，也可能是為文化產品與服務的生產提
供幫助。

「文化產業」指生產和銷售上述的文化產品或服務的產
業。（United Nations Educational, Scientific and Cultural
Organization, 2005）

UNESCO認為文化產業為：「結合創作、生產與商業的內容，
具有無形資產與文化概念的特性，並獲得智慧產權的保護，並以產品
或服務的形式呈現。」從內容來看，文化產業也是創意產業；或在經
濟領域中，稱為「未來性產業」；或在科技領域中，稱為「內容產
業」。文化產業結合文化和經濟活動，是知識經濟時代的前導性產
業，也是附加價值最高的類型。

此外，在《實施教科文組織世界文化多樣性宣言的行動計畫要
點》則明文規定：會員國承諾採取適當措施，廣泛宣傳《教科文組織
世界文化多樣性宣言》，並促進宣言的有效實施，其中包括為實現下
列目標而展開合作，第十七項為：

幫助發展中國家和轉型期國家建立或加強文化產業，並
為此合作建立必要的基礎結構和培養必要的人才，促進
建立有活力的當地市場，並為這些國家的文化產品進
入世界市場和國際發行網提供方便。（United Nations
Educational, Scientific and Cultural Organization, 2011）

第十八項：「在尊重各國的國際義務的情況下，制定能夠通過一
些必要的活動輔助機制及／或相應的規章制度來推行本宣言所制定之

原則的文化政策。」第十九項：「使民間社會的各個方面密切參與制定保護和提倡文化多樣性的公共政策。」

可知商業價值並非致力於發展「文化多樣性」的聯合國教科文組織推動文化產業之唯一考量。

> 經濟指標不應該是活動進行中的唯一指導原則。藝術不只是一個有吸引力但非必要的部分。（García, 2004）

綜上所言，經資料爬梳，本研究以為，文化創意產業與全球文化多樣性之關聯，更是我們之所以需要關注文化創意產業的真正理由，是故，保障「文化多樣性」的延續與創新，是臺灣須在眾說紛紜的文化創意產業政策思維中，回歸本質，重新著力之處。文化部門應檢視業務執掌並通盤考量，以發揮文創政策在臺灣之價值與能量。

第四章

創意城市與多樣性

第一節　創意城市論述

　　何謂「創意城市」？Hall, P.（2009）認為創意城市是國際化、會吸引人才前往，並且富有創造性，可以包容外人進入。Pratt, A. C.（2008）則認為，創意城市是一個富有吸引力的城市，它吸引創意階級或是高科技產業之工作者前往居住，「創意城市是專業的購物中心，是被修正過的宜居城市」。

　　現今城市發展，注意到公共倫理、環境意識、創意發展，不單單是有形建築、工業硬體設備等，而是達到更高層次的無形理念，使城市可以更美、生活更好。人類自古演化至今，一直朝著生活愈方便、環境愈理想的方向進步，而「創意城市」概念產生，就是要讓城市更美好夠適合人們居住，不僅是設施上的健全，也包括了滿足心靈上的需求。本節舉Charles Landry（查爾斯‧蘭德利）與Richard Florida（理查‧佛羅里達）創意城市論述如下：

一、Charles Landry「創意氛圍（creative milieu）」

　　英國創意城市研究機構「傳通媒體（Comedia）」執行長Charles Landry（查爾斯‧蘭德利）著有《創意城市：打造創意生活圈的思考技術（*The Creative City: A Toolkit for Urbon Innvators*）》對創意城市闡述，其認為：城市要達到復興，只有通過城市整體的創新，而其中的關鍵在於城市的創意基礎、創意環境和文化因素。因此，任何城市都可以成為創意城市，或者在某一方面更具有創意。最值得關注的是，解決在地化問題，以及注重多元發展，是城市重生之重要關鍵（Landry, C., 2008）。

　　以工業大國英國而言，18世紀工業都市的成長最終達衰敗期，在時代的推進下，失去先前的經濟功能，為了力挽狂瀾，當時英國首相Anthony Charles Lynton Blair便組織了「英國創意產業特別工作小組」（Creative Industry Task Force），打造「新英國」，提倡重視知識經濟、推廣「創意產業（creative industries）」，而創意產業是

城市的文化資產，是城市給人的印象。

　　Landry提出，鼓勵大家發揮想像力的城市，遠遠超越了城市基礎工程典範，而不只是一味專注於諸如道路、千篇一律的住宅開發，或是平凡無奇的辦公大樓等硬體基礎建設，而是要營造一種「創意氛圍（creative milieu）」；創意氛圍是種空間概念，可能指的是建築群、城市的某處，甚至整座城市或區域。它涵蓋了必要的先決條件，足以激發源源不絕的創意點子與發明的一切軟硬體設施。軟體基礎建設包括：關注人們如何才能會面、交換意見，並建立網絡，並鼓勵促進人際溝通的實體發展與空間營造，這些空間具有高度品質與舒適便利性。

　　「創意氛圍」的主要特質包括：當地具備某種程度的原創、深厚知識，加上現成的技術與能力，還有身懷相互溝通需求及能力的人；具有健全的金融基礎，足以不受嚴格規範，而容許有實驗的空間；決策者、商人、藝術家、科學家、社會批判者的自覺性需求，以及實際機會間存有某種不平衡；面對有關未來文化、科學與技術領域變遷的複雜與不確定性，具備應變能力；無論內外，皆具備非正式與自發性溝通的高度可能，是個迎合多元性和多樣性需求的環境；在多領域及動能上具綜效的環境，尤其能結合科學與藝術的發展。當然，營造創意氛圍的方式不止一種，而這類氛圍也愈來愈不是單靠技術來驅動。整體而論，城市參與者的多元文化網絡建構，舉足輕重。

　　創意城市的特性包括：謹慎冒險、廣泛的領導、朝某處邁進的概念、堅決但並不死腦筋、擁有超越政治循環的力量；更重要的是，能維持策略性原則與足智多謀的彈性。要充分做到這點，就需要改變心態、觀念、抱負與決心。由於當新舊融合時會產生創意摩擦，因此創意城市需要維持在一個充滿動能、偶爾具張力的平衡狀態。而要提供這種平衡穩定性，就要為這創意與日俱增的城市，提供整體指導原則的倫理架構。

　　由於創意不僅在於有構想，還在於將它們落實，因此這類城市需

要活力十足的思想家、創造者與實踐者。而特立獨行者通常會挑戰阻礙進步的界線，因此，創意組織了解，若要運作良好，就需要這些獨特的「人才」與創意的「空間」，而重要的是，這種較開放的城市能夠提供他們運作的環境。

二、Richard Florida「創意階級（creative class）」

　　美國學者Richard Florida（理查・佛羅里達）則認為，當一座城市的經濟發展是透過聚集創意人才與高科技產業來達成，同時也具備開放多元的生活空間，便可稱之為「創意城市」。Florida提出了「創意資本理論（Creative Capital Theory）」，主要是描述21世紀創意時代來臨後，創意階級會在具備「4T」的地區發生群聚，而這些地方將會成為最高競爭力的城市。

　　其提出「創意階級（creative class，亦稱「創意新貴」）論述，透過研究美國創意城市裡的創意工作者，探討有哪些社會條件可以幫助創意經濟發展，創意新貴指以創造力作為推展工作主要元素，包含各種膚色與生活型態的人們，他們分別來自不同的職業，可都有一個共通性：他們都具有創造力和自主的能力，且不受於任何的限制，喜歡前往有多元化、高開放性的城市發展，在這樣的環境中才能無限制發展出他們的創意思想。

　　所謂「創意經濟發展的四T」即：科技（Technology）、人才（Talent）、寬容（Tolerance）與愉悅環境（Territorial Assets）。一個地方想要吸引創意人、激發創新能力與刺激經濟成長、自然與人造的愉悅環境（Territorial Assets），必須四者兼具，分述如下：
1. 科技是一個城市中擁有創新和高科技產業聚集；
2. 人才是創新的來源，為經濟發展的主要推手，指擁有學士或以上學位的人才；
3. 包容力則關於城市或國家是否具有開放性，能夠具備能夠吸引人才的能力，包含多樣的社群、種族與職業的多樣性。

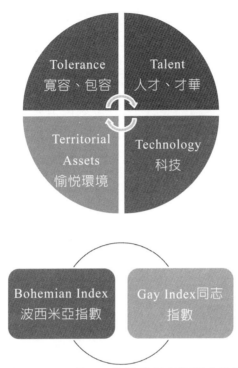

圖5　Florida創意城市經濟發展的四T條件與創意指標中的兩項多樣性指標

4. 自然與人造的愉悅環境創造出高質量的生活品質，其中包含地方
文化、藝術氣息和多樣性，都是人才選擇地區的考量。創意階級
的人對於生活環境的品質要求愈來愈高，一個地方如果沒有文
化，是沒有辦法激起創意的，他們想要的是一種動態性的地區，
可以與人與事物產生共鳴，並且可以碰撞出不一樣的想法，所以
擁有愈多文化和藝術氣息的社區，就會愈吸引更多創意階級的人
搬入（Florida, R., 2003）。

　　人才方面Florida用「超級創意核心群（super-creative core）」
和「知識密集產業（knowledge-intensive industry）」來形容這些從
事創作、藝術、領導擁有較高社會地位的工作者，前者的工作內容直
接跟創意有關，能夠直接創造出一個新概念，一個可以讓人廣為流

傳的設計，例如：工程師、從事教育者、藝術家、設計師和音樂家等，後者現代社會的思想領導者工作必須接受高等教育，能夠運用自己吸收的知識，跳脫既定的思維，想出創新的想法，例如：律師、金融服務、醫療服務等。

　　在創意經濟的架構下，創意階級是城市成長與經濟發展的動力，而這些人才聚集的地方往往是高科技產業的重地，這推翻了傳統對於區域或城市經濟成長的概念。而根據人才遷移的趨勢，Florida提出四點新創意地理學的趨勢：

1. 創意階級開始逐漸搬離傳統企業聚集區、勞工階級中心，開始搬往至創意中心。
2. 創意城市是創意階級主要匯集地，呈現高度科技和創意經濟的發展，帶動整個城市的活力氣氛。
3. 創意城市的蓬勃不再是因為地理位置和自然資源傳統因素，而是因為多元整合的環境，讓各種創意可以有發展的可能性。
4. 創意階級移至城市的原因是：想有更豐富的體驗、能夠包容不同的想法差異，能有發展自我思想，真正的實現身為創意人的價值。

　　Florida並與相關研究人員共同提出的其他創意城市競爭力等相關指標，指標由四部分組成：(1)創意階級所占勞動力比例、(2)以每人專利權數目來測量的創新指標、(3)以地區高科技產業出產量占全國高科技產業出產量的比例來測量的高科技產業指標、(4)多樣性，其中第4項「多樣性」有兩項具特色指標。

　　其一，「同志指數（Gay Index）」，同性戀人數指標之所以能成為「生活型態是否多元化」的絕佳衡量標準，係因同志團體長久以來一直受到相當程度不公平歧視，進入社會主流的努力受到很大阻礙，以某種程度而言，同志代表社會多元化的最後界線，接受同性戀的社會也會接受任何人（Florida, 2003）。因為能包容同性戀的城市，通常也代表居民對多元文化，有較開放的接納度與較高容忍力，而包容異己對於發展創造力，具有舉足輕重意義。該統計中，排

名前幾名的創意城市分別為奧斯汀、舊金山、西雅圖等，也正是美國著名吸引同志群集城市。

其二，「波西米亞指數（Bohemian Index）」，波西米亞人數指標，指的是藝術創意人口數，統計藝術家、作家、表演者與各種跨領域藝術工作者，在一個區域的密度。

本研究分析，若從Florida將「同志指數（Gay Index）」作為城市生活型態是否多元化之衡量標準，可見城市文化創意能量與「多元性別[1]」接受度緊密關聯，多元性別議題，包括女性主義、後女性主義、同志議題、跨性別論述等，以女性思潮而言，法國哲學家西蒙·波娃於1949年發表《第二性》，研究女性在社會中的地位，提出著名論點：「女人並非天生，而是後天變成的」，對傳統文化論述有重大顛覆與影響。其中，「權力」與「支配」概念是女性主義分析核心，認為女性在以往都屬於權力關係弱勢者，傳統論述缺乏女性觀點的呈現[2]，這些原先被忽視的觀點，都因女性思潮崛起而重新被評估。1990年代全球女性運動更趨向多元與分化，發展出「後女性主義」，重視差異而非平等，浮現一種新女性圖像。此外，西方自1969年爆發被稱為同性戀人權運動濫觴的紐約石牆事件（Stonewall riots）[3]後，同志議題浮上檯面，此一尊重差異之風潮，激盪影響

---

[1] 性別（gender）是人在社會中的身分。例如：女人（woman）、男人（man）、跨性別者或跨性人（transgendered or trans person）。

[2] 在其相關文化論述中，例如針對以男性藝術家為主的傳統藝術史做重新解讀，重新檢討過去兩千年來的西方藝術，讓大家開始質疑美術史的真確性，進而嘗試去修正這其中的偏頗觀點。例如為何只有雕刻繪畫等活動才是藝術，而較多女性所從事的編織稱不上藝術；又如傳統博物館亦被認為是以男性為主的空間呈現，包括展出的作品多為男性藝術家對世界的觀感，又如以往建築設計師多數為男性，以致較不易考慮女性觀眾的需求（如女性洗手間設備不足）等議題。這些議題在當下臺灣社會已逐漸獲得重視與改善。

[3] 1969年6月28日凌晨發生於鄰近紐約格林威治村中的石牆酒吧，一連串因警方臨檢而爆發的自發性暴力示威衝突。石牆暴動常被認定是美國史上同性戀者首次反抗政府主導之迫害性別弱勢制度的實例，亦成為標誌著美國及全球之同性戀權利運動發跡的關鍵事件。

全世界原有傳統價值觀，全球多元性別團體LGBT[4]相繼出現爭取權益，如前述發生石牆事件的指標性的美國，其聯邦最高法院於2015年6月26日判決全美同性婚姻合法，至今國際間已有二十餘國同志婚姻平權，人權議題的包容多元，爲城市的多樣性與創造力提供多面向能量。

　　Florid綜合各項指標[5]，提出結論爲：「與其說經濟成長完全由企業主導，不如說它是發生在對創意更包容、多元、開放的地方，因爲所有創意人都想要在這樣的地方生活。」其認爲「多元化」也代表刺激與活力，有吸引力的地方不一定是大城市，但一定是具有國際觀的地方，任何人都可以找到讓自己安逸的團體，也可以找到足以帶來刺激的其他團體，各種文化與觀念在這個地方互動（Florida, R., 2003），提供吾人一個對於「創意城市」與「多樣性」的人才、空間之關聯思考點。

第二節　聯合國創意城市網絡與歐盟歐洲文化首都

　　本研究進而探討國際間「創意城市」相關計畫，其一爲聯合國「創意城市網絡」，其二爲歐盟「歐洲文化首都」，分述如下：

一、聯合國創意城市網絡（The UNESCO Creative Cities Network）

　　根據「聯合國教科文組織創意城市網絡（The UNESCO Creative Cities Network，縮寫UCCN）」官方資料，至今（2016）有來自

---

[4] LGBT涵蓋女同性戀（lesbian）、男同性戀（gay）、雙性戀（bisexual）、跨性別者（transgender），是當下許多性別弱勢團體形容自身的方式。

[5] 其他指標有「人力指標」：一地區具有學士學位以上人口數；「外國人數指標」：指一地區外國人口比例。

五十四個國家的一百一十六個成員城市構成，涵蓋手工藝與民間藝術、設計、電影、美食、文學、媒體藝術和音樂七個領域（United Nations Educational, Scientific and Cultural Organization, 2016）。

文獻指出，「創意城市網絡」構畫於2002年，2004年通過後，開始在全球發揮效力。在創意城市網絡之中，創意城市能夠分享彼此的經驗與專業知識，訓練商業技巧和技術。申請成功的城市在加入該網絡之後，除了分享其他城市的經驗外，還能在全球平臺上突顯城市的文化資源，促進城市多元文化產品在全球市場的實現。經由建立在城市層面的公眾部門與私人部門的新夥伴關係，可發掘小企業的創業和創意潛能，讓多元文化和創造力帶動城市的社會、文化、經濟全方位發展。加入創意城市網絡之後，成員城市可以利用這個國際平臺與其他城市分享經驗、創造機遇，尤其是開展與創意經濟和創意觀光相關活動。

創意城市網絡現有七個領域，包含文學之城、手工藝與民間藝術之城、設計之城、電影之城、美食之城、媒體藝術和音樂之城，各項創意城市入選的指標皆須與該項主題相關條件資格。

本研究舉最先於「創意城市網絡」設置的「文學城市」觀察，其申請評定標準包含有：城市是否符合文學之城資格？產業鏈上包含編輯與出版業者的品質、數量與多樣性，出版業翻譯國內多種語言及國外文學作品造成的積極影響，以及城市積極涉入媒體，包含新媒體，以推廣文學並強化文學市場的行為。在教育上，從初階至高等教育與國內外文學有關的專案品質與數量。另外就文學、戲劇與詩歌等整體而言的城市環境，城市主辦國內外文學推廣活動與節慶的經驗，以及保存、推廣與普及國內外文學的博物館、圖書館、書店與公私立文化中心狀況（United Nations Educational, Scientific and Cultural Organization, 2016）。

圖6　蘇格蘭愛丁堡為聯合國創意城市網絡「文學城市」，圖為老城區與作家
　　　博物館

圖7　捷克布拉格亦為聯合國創意城市網絡的「文學城市」，圖為大文豪卡夫
　　　卡故居一隅

　　符合上述標準申請已獲通過的「文學城市」，現今已包含愛丁堡
（英國）、愛荷華城（美國）、墨爾本（澳大利亞）、都柏林（愛
爾蘭）、雷克雅維克（冰島）、諾里奇（英國）、但尼丁（紐西
蘭）、布拉格（捷克）、海德堡（德國）、格拉納達（西班牙）、達
尼丁（紐西蘭）、克拉科夫（波蘭）。

　　除「文學城市」外另外六種領域包括「電影城市」如澳洲雪梨、「音樂城市」如英國格拉斯哥、「工藝與民間藝術城市」如日本金澤、「美食城市」如中國成都、「設計城市」如韓國首爾、「媒體藝術城市」如法國里昂等，數量持續增加。

圖8　聯合國「創意城市網絡」網站專頁，標誌各城市創意內涵（網路截圖）

　　本研究分析，「創意城市網絡」有兩點值得多所注意：

　　其一，目前在此網絡中的城市努力的目標之一就是建構「創意觀光（Creative Tourism）」的概念及策略，創意觀光是透過主動的參與，使旅客和一地的文化建立密切關係，藉由親身參與某一社會的傳統，創意旅遊提供旅者一個表達自己的機會。「創意城市網絡」強調讓網絡中的城市以自己的創意優勢吸引創意遊客。

　　其二，研究發現「創意城市網絡」，最初它起源於聯合國教科文組織全球文化多樣性聯盟的倡議，與前章所述「文化多樣性」息息相

關，爲教科文組織全球多樣性文化聯盟的一部分。可知開展「文化多樣性」，正是「創意城市網絡」計畫之首要關注。

二、歐洲文化首都（European Capital of Culture）

「歐洲文化首都（European Capital of Culture，亦稱爲「歐洲文化之都」）」，最早被稱爲「歐洲文化城市（European City of Culture）」，是歐洲聯盟（European Union，簡稱EU或歐盟）自1985年以來重要的都市文化復興活動計畫之一，歐盟每年指定若干歐洲城市爲歐洲文化之都，以推廣該城市的文化生活和文化發展，除了彰顯歐洲文化的豐富性和多樣性，也是各式文化活動的集合體，許多城市更將之當作一種城市發展運動，藉以凝聚城市認同與再生的契機，期望能刺激當地文化創意產業經濟。

> 歐洲整合之父Jean Monnet曾說：「倘若歐洲共同體能重新開始，吾將由『文化』著手。」這句話揭櫫了歐洲聯盟在經濟整合下的另一個新思維，同時也促使歐洲各國家開始思考歐洲意識的文化價值。不僅如此，現任歐盟執委會主席José Manuel Barroso也曾指出：「歐盟發展至這個階段，再也不能忽略文化層面了，我們應將文化視爲歐洲『統合爲一個整體的結構性要素』」，他並強調在價值的階層體系中，文化的價值應置於經濟價值之上。（轉引自榮芳杰，2009）

法令上，歐盟條約第一百五十一條第四段明文要求歐盟做任何決策與行動必須將文化納入考量，以促進跨文化間的尊重與提升「文化多樣性」。歐盟執委會企圖確保文化和文化多樣性的推動是制定規範與經濟決策、提議時的必要考量因素。

圖9　希臘為歐洲文明起源重鎮，雅典1985年獲選為第一座「歐洲文化城市」，圖為世界文化遺產衛城遺址與研究者於新衛城博物館展示一隅

　　初期獲得「歐洲文化城市（European City of Culture）」冠冕的包含：1985年雅典（希臘）、1986年佛羅倫斯（義大利）、1987年阿姆斯特丹（荷蘭）、1988年西柏林（西德）、1989年巴黎（法國）、1990年格拉斯哥（英國）、1991年都柏林（愛爾蘭）、1992年馬德里（西班牙）、1993年安特衛普（比利時）、1994年里斯本（葡萄牙）、1995年盧森堡（盧森堡）、1996年哥本哈根（丹麥）、1997年薩洛尼卡（希臘）、1998年斯德哥爾摩（瑞典）。

　　1999年之後改名為現今的「歐洲文化首都（European Capital of Culture）」。至今（2016）獲得頭銜已有：1999年威瑪（德國）；2000年雷克雅未克（冰島）、卑爾根（挪威）、赫爾辛基（芬蘭）、布魯塞爾（比利時）、布拉格（捷克）、克拉科夫（波蘭）、聖地亞哥—德孔波斯特拉（西班牙）、阿維儂（法國）、博洛尼亞（義大利）；2001年鹿特丹（荷蘭）、波爾圖（葡萄牙）；2002年布魯日（比利時）、薩拉曼卡（西班牙）；2003年格拉茨（奧地利）；2004年熱那亞（義大利）、里爾（法國）；2005年科克（愛爾蘭）；2006年帕特拉思（希臘）；2007年盧森堡市（盧

圖10 法國巴黎為1989年歐洲文化之都，在咖啡館文化（左上：左岸雙叟咖啡館）、現代藝術（右上：龐畢度中心商店）、博物館（左下：羅浮宮）、時尚精品文化（右下：路易威登基金會美術館）舉世知名

森堡）、錫比烏（羅馬尼亞）；2008年利物浦（英國）、斯塔萬格（挪威）；2009年林茲（奧地利）、維爾紐斯（立陶宛）；2010年埃森（德國）、佩奇（匈牙利）、伊斯坦堡（土耳其）；2011年土庫（芬蘭）、塔林（愛沙尼亞）；2012年吉馬良斯（葡萄牙）、馬里博爾（斯洛維尼亞）；2013年馬賽（法國）、科希策（斯洛伐克）、2014年于默奧（瑞典）、里加（拉脫維亞）；2015年蒙斯

（比利時）、皮爾森（捷克）；2016年聖塞瓦斯蒂安（西班牙）和
弗羅茨瓦夫（波蘭）。

　　歐洲文化首都計畫展現出歐洲文化的豐富與多樣、和歐洲人之
間的種種羈絆與聯繫。更由於這個活動的魅力，歐洲城市為了能獲
得此項榮譽而彼此激烈競爭與努力。多年來，歐盟文化計畫一直提
供資金上的援助，計畫持續進行，每年都有城市獲選為「歐洲文化
首都」。這些城市利用文化首都之際徹底改造自己的文化基地和設
施。通過舉辦文化首都活動，擴大了這些城市的知名度，吸引了更多
的遊客，開展文化觀光業，並為城市轉型投資。本研究舉2008年英
國利物浦與2015年捷克皮爾森為例：

圖11　利物浦為2008年歐洲文化首都以披頭四打造城市意象，圖為洞穴俱樂
　　　部外觀與街景，披頭四故事館展示小野洋子捐贈的約翰藍儂鋼琴

　　利物浦在英國的勞工運動史裡，是一個孕育重要勞工力量的工業城市，隨著全球性產業板塊移動，發展最快的英國工業大城，也最早面臨了工業城市轉型更新的議題。利物浦利用發跡於當地的全球唯一跨世代搖滾天團披頭四的影響力，來重新塑造城市意象。2004年更以「利物浦：海上貿易城市」為名，被聯合國教科文組織列入世界文化遺產，見證了18、19世紀大英帝國在全球貿易市場上的發展過程，並於2008年獲選為「歐洲文化首都」，得到歐盟更多的補助，更進一步以文化展演來進行城市更新的系列規劃。

　　2015年，捷克共和國西波希米亞重鎮皮爾森獲選為「歐洲文化首都」，標榜啤酒「黃金革命」相關啤酒工廠體驗，城市間處處都可見「歐洲文化首都」相關旅遊DM資訊，並藉機修補保存諸多歷史建物，成為文化觀光資源。

> 很少有城市能像比爾森一樣以悠久傑出的文化傳統而驕傲，城市的建築保存區就像一本建築風格的歷史教科書，在著名的啤酒之城，參觀皮爾森啤酒工廠幾乎成了每位遊客的任務，自1842年以來，世界著名淡啤酒就是在這裡釀造。獨一無二的文化傳統和妙趣橫生的文化項目，2015年歐洲文化首都的美譽為這座城市豐富的傳統增添榮譽。（Pilsen-Tourism, 2015）

　　綜言之，「歐洲文化首都」計畫有兩項重點與本研究息息相關：
　　其一，獲選之城市利用計畫改造城市的文化設施，並擴大了城市知名度，吸引更多遊客，甚或成為旅客的年度歐洲遊憩首選，實質促進了文化觀光業的發展。

圖12　捷克皮爾森獲選為2015年歐洲文化首都，以啤酒「黃金革命」聞名於
世，圖為其啤酒工廠

　　其二，從「歐洲文化城市」到「歐洲文化首都」，歐盟施政與
法令上強調文化與互相尊重，提升「文化多樣性」。歐盟執委會企
圖確保「文化多樣性」的推動是制定規範與經濟決策時的必要考量
因素。可知「文化多樣性」，正是「歐洲文化首都」計畫之必要關
注。

第三節　創意城市「多樣性」的挑戰

　　前述探討可得知，無論是Charles Landry與Richard Florida關於

「創意城市」的論述，或是聯合國「創意城市網絡」與歐盟「歐洲文化首都」，「多樣性」都是城市的重要指標。

一、多元文化城市

本研究觀察，全球多元文化社會是一存在事實，一個社會中常有多種族，多語言、多宗教信仰、多世界觀與價值傳統。二次大戰之後，許多國家移民增加，尤其在一些歐美大城市蓬勃發展，如加拿大多倫多（Toronto, Canada）[6]、英國倫敦（London, U.K.）[7]、美國舊

---

[6]   學者Upchurch（2007）指出，「加拿大作為新興民族國家，民族認同議題爭議，就如同主權爭議一般，而地理因素也加入爭議之中，相對於英國的地狹人稠，加拿大是地廣人稀，而大部分人口聚集在美國邊境，須製造一種民族體（Nationhood）感覺，以區別優勢的鄰國美國。而魁北克省等法裔遺產批判性爭議，關於多樣性和多元文化主義的法定政策。為保護魁北克的認同，教育的管轄權責任被移轉到州，使邦聯的干預或基金在藝術和教育上為政治敏感議題。」加拿大聯邦政府架設多元文化主義網站，以「多元文化的加拿大：我們的多樣性遺產（Multicultural Canada: Our Diverse Heritage）」為訴求（The Department of Canadian Heritage, 2011）。目前大部分加拿大人是歐裔，尤其是英裔約五成多、法裔近三成，另有一成多主要為亞洲移民家庭與後裔。多元族群促使加拿大成為世界上第一個將「多元文化」列入聯邦基本權利的國家，早期主要是因應聯邦境內魁北克（Quebec）省分離運動，後轉變為更多元導向，1985年正式立法為《加拿大多元文化法（Canadian Multiculturalism Act）》，訂定：「加拿大人在種族、國際或族群根源、膚色與宗教上為一多元化國家，且其為加拿大社會的基本特色，多元文化主義政策以保存加強加拿大多元文化資產為宗旨，並以使所有加拿大人在經濟、社會、文化與政治平等為目的。」（The Department of Justice Canada, 2011）該法強調尊重和平等對待文化多樣性、承認原住民族權利、英語和法語是官方語言，但其他語言皆可使用，承認不分膚色、宗教之平等權利，以及認識少數群體權利並分享其文化。

[7]   多元文化與族群也是孕育創新想法的主要因素，讓英國成為全球最早打響「創意產業（creative industries）」一詞的國家，吸納全球優秀人才，進發創意能量。國際盛事奧林匹克運動會於2012年倫敦舉行，英國藉此標榜不只關於運動，也同時慶祝英國與全世界兼容並蓄的文化、人種與語言，其從2008年即登場Open Weekend活動，開放上百座倫敦文化藝術空間免費參觀，更發展一名為「迎向世界」計畫，「什麼是建構所謂的英國性？（What

金山（San Francisco, U.S.A.）[8]等，都是不同族群相鄰，共同生活的多元文化創意城市。

> 創意無關乎什麼出類拔萃的藝術天賦或文化財富，而是一些生態因素的豐富組合，主要是多樣性、改變、學習與適應。只有在生態條件許可下，創意才能存在，而且可經由有效率的適應而更見蓬勃。（Hawkins, J., 2010）

正如被譽為文化創意產業之父的約翰·郝金斯（John Hawkins），闡述「創意」如何與環境條件息息相關，提出包含「多樣性」、「改變」、「學習」與「適應」四個因子的「創意生態（creative ecologies）」，說明可以供創意者盡情發揮的生態區位。現代城市競爭優勢，已經從地理位置、天然資源蘊藏，轉變成城市公民的創意能量。

二、弔詭與困難

然而，在「多樣性」與「創意城市」風潮襲捲全球的同時，亦有許多學者紛紛提出不同的批判意見，Allen, S.（2006）認為大城市

---

constitutes Britishness？）」被提出。串連倫敦地區族群文化最為多元的東倫敦及南倫敦，共十九所中小學六百個學童，透過攝影、錄影及錄音方式，思考如何向世界介紹自己，以及歡迎世界來到生活周圍，學習族群、認同，與多元文化概念。

8　美國的多元文化發展經驗，可說是百年來種族問題，結合性別與新興議題呈現。從較早期「隔離政策（Different but Equal）」，之後「熔爐同化政策（Meltingpot）」，到1960年代因應非裔美人民權運動（Civil Rights Movement），族群意識高漲，呼籲回歸多元文化的民主本質，1964年《民權法案》通過，1980年代推動公立學校學童跨區就讀與族群整合政策，同化的熔爐轉由異質的「沙拉吧（Salad Bar）」代替，開啟尊重差異的多元文化論述，而性別平權運動的開展、文化主體意識的覺醒、文化研究與批判的推波助瀾，更豐富了多元文化不同面向。

可能會因此得到空前的創造力，但社會仍有文化與經濟不平等的狀況，這不單純只是收入分配的問題，還牽涉到基本的公民意識與民主問題，所以這些頑固的障礙，會使得創意城市的概念窒礙難行。而王佳煌（2010）認為創意城市忽略了許多問題，例如：社會的不平等、夜光經濟（night-time economy）下的夜店酒吧帶來的犯罪問題、社會中上階層的菁英主導城市創新的議題、創意行動（街頭塗鴉、占居）所涉及到的複雜倫理關係、價值觀、民主問題。可見創意城市的發展，其中還是存在著許多尚未解決的問題，有待逐步探究。

　　本研究認為，城市在歷史、藝術、族群、宗教、性別的多樣性的著墨，但其間各種衝突仍然存在，應避免因表象美化，而忽略文化霸權，或種族歧視的非正式社會課程。

> 如果說對付城市生活在物質上的不平等的方法是美化多樣性，那另一個方法就是美化恐懼。對城市多樣文化的控制，也暗示了城市可能存在的陰暗面控制的可能性（諸如暴力、仇恨犯罪、經濟衰退等種種城市問題）。文化多元主義與及對手引起的衝突：種族政治與城市暴動，已證明這不過是一種幻覺。但隨著公眾的流動性愈來愈大成分趨於多樣……表達個人的認同變得愈無關緊要，而創造城市形象、定位城市畫面文化力量正愈來愈重要。那些創造形象的人也塑造一種集體認同，不管是迪士尼這樣的媒體公司還是藝術博物館或政客，都發展了公共文化的新空間。……誰能夠占有公共空間並定義城市形象，這還是一個沒有確定答案的問題。誰占據公共空間……常是協商決定。數百年來一直處於城市焦慮的中心。今天意義更重大，因為城市人口的複雜性與多樣性。（Zukin, S., 1995）

　　承上，創意階級所要求的多元化仍有許多困難與挑戰。本研究觀察，現今各種不同個體的需求，仍未在臺灣多元文化架構中被考量。如何讓不同文化得以發聲，檢視所謂「正統」主流文化，是否壓抑許多弱勢群體，「肯認（recognition）」不同差異的價值，讓「差異（difference）」成爲共存力量，而這些面向，在臺灣現行文化創意產業政策與城市轉型氛圍中，仍未能有所著墨。

> 　　多元化已成為政治上最常聽到的用語。對某些人而言，多元化是一種理想和精神喊話。對另一些人而言，它像是特洛伊城的木馬，帶來行動但也被迫接受一些討厭的自由派思想。我所研究的創意人，經常使用這個詞，但它並不是任何政治口號。多元化只是單純表示他們重視各種表現形式。因為經常被如此慎重其事地提到，所以我認為這是創意人價值的基本特質……。有才華的人藐視因種族、性別、性傾向或外貌而做的區分。……但某種程度上，這只是菁英的多元化，只限於受過高等教育的創意人。即使因為創意階級的興起，對女性與少數族群開放了一條路，但是長久以來存在的種族區分並未因此結束。……創意階級所要求的多元化仍有許多困難與挑戰。（Florida, R., 2003）

　　然可以肯定的是，創意城市成功關鍵，在於發展濃厚人文氣息，強調開放與多元，有個性風格、有全球視野與在地精神的地方，才能吸引創意人才匯集。如是觀之，臺灣社會需要更多元化，對差異容忍度更高，以及產生跨領域人才，才足以面對複雜多變的未來挑戰，而如何落實打造創意城市與多元文化環境，實爲當下企圖城市轉型要融入全球趨勢，強調文化創意產業，打造創意城市，應重視之課題與挑戰。

　　綜上所言，本卷通篇研討臺灣文化創意產業政策、文化多樣性與創意城市論述，發現「多樣性」與文創產業、創意城市的發展息息相關，然而，其是否落實到城市文化治理施政，本研究下卷將接續進行「文創觀光之高雄城市治理」案例分析。

【下卷】

案例分析：文創觀光之高雄城市治理

第五章

前溯高雄城市文化治
理歷史脈絡（2010年
之前）

　　接續前卷對文化創意產業、文化多樣性與創意城市之探討，本卷聚焦臺灣工業大城高雄市之文創觀光發展作爲案例分析，除爬梳文化治理歷史脈絡外，並針對高雄市文創觀光之人才、空間、博物館文化展演設施深入探究。

　　首先，本章先針對高雄市政治、歷史、社會、經濟脈絡下的城市文化治理爲主要分析對象，以質性研究扎根理論，尤其是針對早期「法定文化資產[1]」的文獻史料進行爬梳，透過逐字逐句的編碼，以及不斷比較與提問，發掘歷史資料中的新意義和理論線索，初步釐清在2010年縣市合併之前，高雄市文化治理脈絡，期能扣合文化脈絡大體走向與現況，針對高雄市文化治理進行考察。

第一節　打狗高雄文化治理的缺頁（史前～1970年代）

一、平原屯墾‧漁村開港：史前、荷據、明鄭、清領（史前～1895）

　　前溯歷史，根據中央研究院考古試掘今高雄市左營區左營大路與忠信路口，發現深具歷史價值之大量陶瓷片及水溝、道路、建物結構，是爲高雄左營舊城遺址，具有史前五千至三千四百年前的史前文化層，及明鄭時期興隆莊、清代鳳山縣治相關的歷史文化層，見證高雄平原數千年發展歷程。

　　將時間軸拉到近代，打狗（高雄）正式與世界大航海殖民體系的接觸，始於荷蘭東印度公司占領臺灣，以大員（台南安平）爲統治中心，以經濟利益爲其主要目的。1625年，荷蘭人開始在打狗海域收取捕烏魚稅，於冬季魚汛期，在今壽山背後的哨船頭設檢查哨，並派官員前來值勤以監視中國漁船繳稅情形，此時期，荷蘭人更廣徵漢人

---

[1] 文中所提之崇聖祠、鳳山縣舊城、高雄玫瑰聖母堂、英國領事館官邸、高雄市愛國婦人會館、武德殿、高雄市役所等，皆為臺灣文化資產保存法指定或登錄之「法定文化資產」。

到打狗開墾耕作，至1662年荷蘭人離開臺灣時，打狗平原已經聚集了不少漢人。

　　1662年2月，鄭成功自大員驅離荷蘭人，荷蘭艦隊轉向於1664年登陸打狗紅毛港，企圖收復臺灣終告失敗，明鄭王朝為解決糧食問題而勵行屯墾制度，由原來的部隊分派至各地屯墾，至土地開發完成形成聚落，便以初來拓墾的營鎮名為地名，當時兵鎮屯地的名稱，像是左營、右昌、前鎮、後勁、草衙等有許多沿用至今日高雄，深具歷史意義。

　　1683年臺灣納入清朝版圖，至1704年（清康熙四十三年）知縣宋永清重修孔廟，增建奉祀孔子五代祖先的「崇聖祠」，並設立義學，使地方教育規模更形完備。

　　此一時期，因臺灣民變四起，內門朱一貴事件後，鳳山縣始於1722年（清康熙六十一年）在左營建城，為全臺首座土城，1825年（清道光五年）又因楊良斌之亂，而以當地咾咕石築城，亦為全臺首座石城，見證清代鳳山縣的動亂興衰。

　　1859年（清咸豐九年），郭德剛與洪保祿兩位神父抵達打狗，象徵天主教正式在台開教，今曾獲歷史建築百景第一名的高雄玫瑰聖母堂為其見證。

　　1865年（清同治二年），打狗開港，此時期，臺灣醫療傳道之父宣教士馬雅各醫師從打狗上岸，開始引入臺灣近代醫療，高雄成為臺灣近代西方醫療的發源地，值得關注的是，馬醫生對打狗的文化記憶是這樣的：

　　　　一個人的樂趣，如果是撞球、盛宴、閒談、撲克牌遊戲和最新的小說，他最好遠離福爾摩沙；如果他喜歡的是美麗的風景、旅遊生活、晴朗天空、善良百姓與些微的冒險，及豐富的打獵，他就該試試我們的島嶼。旗後長老教會的馬醫生1866至1871年期間，在打狗居住五年。

圖13　馬雅各醫師從打狗登陸開啓臺灣近代醫療傳道之路，圖為原旗津教會馬雅各銅像

　　返回英國後想了一篇回憶文章，談在打狗的休閒生活，並無片言隻字提到打狗什麼文化事業。……總之，清代的打狗，由於人口無多，文教不興，文化事業幾乎一片空白。（葉振輝，1999）

　　官方文獻《高雄市誌》對清領時期打狗文化事業，下了上述的判斷，此時期清朝政府未對文化建設有特別著墨。然有清一代，開港通商將打狗引進世界體系，如前述馬雅各醫生以外，馬偕牧師等人皆由打狗登陸開始至南臺灣、北臺灣展開醫療宣教，1863年打狗開港，英方爲拓展對臺灣貿易的經濟利益，設置領事館，主要功能爲保僑、商務、行使領事裁判權及地方交涉等。今日位於西子灣的古蹟打狗英國領事館官邸[2]，完工於1879年，由當時的大英帝國陸軍皇家工

2　打狗英國領事館官邸因史料不足，長期被認為英國領事館，經詳查英國國家檔案局資料，證

程部設計監造，為一獨立之紅磚建物。打狗英國領事館辦公室（含巡捕區與監牢）則設於哨船頭海濱，兩棟建物以登山古道上下聯結。1874年（同治十三年），牡丹社事件暴露日本侵臺的野心。翌年（1875年），清廷於旗後山興建旗後砲台，與對岸雄鎮北門砲台，共同扼守打狗港。1895年（清光緒二十一年），清朝戰敗簽訂馬關條約割臺，臺灣進入日本殖民統治時期。

二、帝國高雄·南進基地：日本殖民統治時期（1895-1945）

從小漁村到現代化城市，高雄市的急速發展，與日本殖民統治時期於20世紀初開啓的兩項重大建設有關：一是1908年日人高雄港的擴建工程，另一則是同年縱貫線鐵路的開通。至此之後，藉由鐵路與港口的海陸聯運，南臺灣的蔗糖等物資，由高雄港運往世界各地，也帶動繁榮。同年，首次公布的「打狗市區改正計畫」，是為高雄市實施都市計畫之始，後因應都市範圍擴大，有多次改正計畫。

1920年，日本統治者取高雄即將「高躍雄飛」的概念將「打狗」改名為「高雄」。1921年，日本政府公布「高雄街市區擴大計畫」規劃棋盤式街道系統。此一時期，為配合皇民化政策與軍國主義而成立機構，如主要在從事慰問軍人、救濟貧民及教育文化等工作的高雄市愛國婦人會館，以及源於日本警察系統提供青年學子修練柔道與劍道，藉以發揚武士道精神的高雄市武德殿。基於在經濟上或是軍事上的「工具性」因素，臺灣總督府積極快馬加鞭建設高雄。

1924年12月25日，因應高雄街人口已超過四萬人，達到設「市」標準，臺灣總督府廢高雄郡改設高雄市，高雄建市是高雄成為現代化城市的指標，無論對於常民生活變遷、港口市政建設等各方面，都具有重要意義。1936年，公布「大高雄都市計畫」，更確立都市結構骨架，影響至今。

實領事館辦公室設於哨船頭海濱，山上建物為領事館官邸。高雄市政府文化局2009年7月正名，使真確史實重現。

1939年（日昭和十四年），完工啓用的高雄市役所（爲高雄市政府所在地，現爲高雄市立歷史博物館），爲「帝冠式樣」風格的四樓建築物，具有東方傳統的寶形屋頂、西方歷史樣式的屋身及裝飾，雄偉而典雅，企圖呈現大東亞共榮的榮景，除都市建設積極外，亦在教育普及率、和風西式文化的引進有所觸及。

> 1933年高雄市役所委託日人畫家小澤秋成將高雄之港都建設、街道景觀、城市榮華等景像繪成一系列介紹高雄風光的風景繪葉書，將日人心目中著名高雄景點：埠頭建物、壽山步道、旗後、西子灣、高雄港夕景、春天的湊町、渡船場、棧橋……等描繪逐漸定型的都市樣貌。此套繪葉書共十張，命名為「高雄紹介」，由高雄市役所發行。（李欽賢，2003）

三、重化產業‧經濟奇蹟：省轄市治理時期（1945-1979）

二戰後，日本戰敗，國民政府接收臺灣，1945年（民國三十四年）11月8日省轄高雄市政府[3]成立，行政院開始一連串的經建計畫，1953年實施第一期四年經建計畫，規劃高雄市爲重工業中心。1966年於高雄創建了全球第一個加工出口區「高雄加工出口區」，由於臨近港口、機場、高速公路與市區等便利交通網絡，首創結合自由貿易區與工業區兩種機能，成功的產業群聚加工出口區經驗，後因發展迅速至園區飽和，因而在1968年加設第二加工出口區「楠梓加工出口區」，帶動了臺灣經濟發展，也讓臺灣創建的高雄加工出口區，成了

---

[3] 1945年11月8日，高雄市政府成立，首任市長連謀。1946年7月，黃仲圖接任市長。1947年8月，黃強接任市長。1949年5月，劉翔接任市長。1950年8月，陳保泰接任市長。1960年，投票選出第四屆市長陳啓川。1964年，選出第五屆市長，由陳啓川連任。1968年，投票選出第六屆市長楊金虎。1951年3月25日，公民投票選出第一任民選高雄市長謝掙強，並於5月1日就職。

國際間經濟特區成功的典範與先驅。

1973年，「十大建設」中的三項重化工業，一貫作業煉鋼廠、石油化學工業及大造船廠等皆設於高雄，中國鋼鐵廠位於高雄臨海第四工業區，濱臨高雄港第二港口，設置考量點為自遠洋輸入原料，可逕泊廠區碼頭起卸，節省運費與轉運成本；中國造船廠座落於小港區的臨海工業區內，高雄煉油總廠亦因由於鄰近高雄港，可以提供便捷的交通，以運送油品。

土地平坦、氣候環境佳，讓高雄擁有全世界最好的港口地理區位條件，在自然、人文、氣候、地形絕佳條件共同交織下，創造高雄港通往世界地理上的必然；奠基於前述日本統治時代南進政策，以及國民政府50至70年代十大建設的高雄經濟，造就高雄今日的繁榮，三項為改善臺灣工業結構、奠定重化工業基礎的關鍵產業，皆因高雄港的優良條件與大高雄區廣大建廠用地而設置高雄，為臺灣經濟的締造做出重要的貢獻。

值得關注的是，這些重化工業加速高雄市的繁榮，然而高雄的重化產業均是具有污染性質的，因此環保事件層出不窮，更尤其這些重化產業，雖提供大量就業勞動人口，卻皆是中央政府主管或國營事業。於是，污染在高雄市，稅收繳交中央的不平，這些來自民間的反叛力量，或埋下了高雄市後來民主運動伏筆，而在文化政策上，官方較少有著墨，較明顯的文化施政，要待下一時期文化中心等機構成立，方有明顯進展。

第二節　高雄市升格直轄市後官方文化治理（1979-2010）

1979年高雄市人口突破一百萬，7月1日升格為臺灣繼臺北之後的第二個院轄市[4]。值得關注的是，同年12月發生「美麗島事件」

---

[4] 1979年7月1日，高雄市升格為院轄市，派任首位直轄市長王玉雲。1981年6月22日，楊金欉

（亦稱「高雄事件」），是臺灣追求民主與人權的重要歷史，也是臺灣民主化的關鍵與轉捩點，深具歷史意義。而城市居民與包容外來者的這些騷動的反叛氣質，亦在城市文化發展中逐漸發聲，如後來的高雄美術館事件、高雄綠色運動都由民間發聲，試圖衝撞體制結構，官方治理須對其回應。

一、工業大城的文化點綴（1980s-1990s）

(一)文化機構設置：中正文化中心、高雄市立美術館、高雄市立歷史博物館

　　此一時期的文化施政，可見於1977年行政院頒布第十二項文化建設政策，每一縣市設立文化中心，內容包括圖書館、博物館及音樂廳，並開始計畫在北、中、南、東部地區興建國家級大型的美術館。

　　1981年，正式啟用的「高雄市中正文化中心」成立後成為高雄地區文化藝術推廣的首要之地。而高雄市立美術館籌備處於1988年5月成立，經數年籌備，後於1994年正式開館，成為高雄藝術指標的殿堂。除文化中心、美術館外，因1992年市政府搬遷至苓雅區新建的合署辦公大樓，舊市府完成階段性任務，功成身退，因其歷史地位意義重大，緊繫高雄市發展脈絡，特規劃為高雄市立歷史博物館，以保存發揚高雄市歷史文化為目標，為臺灣第一座由地方政府經營的城市歷史博物館。

接任市長。1982年4月19日，許水德接任市長。1985年5月22日，蘇南成接任市長。1990年6月18日，吳敦義接任市長。1994年12月3日，選出第一屆民選直轄市長吳敦義。1998年12月5日，選出第二屆市長謝長廷。2002年12月7日，選出第三屆市長謝長廷。2005年2月1日，謝長廷市長調任行政院長，市長職務由陳其邁代理。2005年94月26日，市長職務由葉菊蘭代理。2006年12月25日，陳菊女士接任第四屆市長。2010年，高雄市與高雄縣合併改制升格為直轄市後的首次選舉，由陳菊當選為高雄縣市合併後首任大高雄市長，2014年經民選續任。

圖14　高雄市立歷史博物館為臺灣第一座由地方政府經營之城市歷史博物館

(二)文化活動倡導：港都文化、全國文藝季、縣市文化節

1980年代，高雄市民所見僅為港市交界的圍牆與管制，無法親近高雄港，但市府仍將港都文化視為高雄在地特色。

> 1985年，高雄市在蘇南成市長執政下，由官方立場倡導
> 「港都文化」，希望建立高雄在地的文化特色，將中鋼
> 的重工業形象、高雄港的國際形象與漁港、漁船等產業
> 形象加以肯定為高雄的特色，並結合藝文界的力量為
> 高雄營造出區域文化的走向，以建立起高雄的「港都文
> 化」。在蘇南成上任之後陸續舉辦的「港都文化系列
> 活動」，包括「港都文化」系列座談會、1985年「萬人
> 兒童大壁畫」、1985年「海上大餐」與「當代美術大
> 展」、1986年「凱旋路（鐵道圍牆）兒童壁畫」、「萬
> 壽山（動物園人行道）彩繪大地」等將高雄市網羅在一
> 片熱絡的文藝氣氛當中。（洪根深、朱能榮，2004）

　　1990年代，因應中央政府如文建會相關計畫如由文藝季轉型的全國文藝季[5]與縣市文化節。高雄市亦與全國各縣市政府一樣推展文化，1994全國文藝季，高雄市辦理以愛河為主題的「愛河尋夢」系列活動、1995年以壽山為主題的「柴山傳奇」系列活動、1996年以高雄港為主題的「舞樂、文化、港都情」系列活動、1997年縣市文化節高雄以左營舊城為主題的「鐘鼓‧蓮香‧懷舊城」系列活動、1998年則以旗津為主題的「沙汕‧船影‧話旗津」系列活動。

　　值得一提的是，1998年3月出版的《旗津記事》，當時吳敦義市長序文〈期待一個海洋發展的新契機〉，已提及：「1998年為國際海洋年，高雄市無論是從地理、歷史、政策、產業或經濟發展策略，都具有發展成國際性海洋都市的優勢，而目前最首要的工作即是營造一個『與海共生與島共存的生活環境』，並朝向海洋教育、海洋產業與海洋觀光休閒等三方面努力，建立一個產業的、經濟的、生態的海洋高雄。」顯現至1990年代末，民選市長文化施政已須逐步朝向回應民意對城市親港的訴求，然此時期僅有短暫文化活動，正式親港空間的大量釋出，須待下一時期的市港空間逐步解禁。

---

[5] 文藝季之舉辦可以溯源自1981年文化建設之政府最高指導單位文化建設委員會成立，自1982年起每年例行舉辦主題為「傳統與創新」之「文藝季」活動，其型態以邀集國內外著名表演團體分赴各地巡迴演出，內容多為音樂、戲劇、舞蹈等表演活動。這樣的形式持續甚久，直到1993年因應於臺灣政治、經濟、思潮整體大環境改變，「地方化與地方風潮」之興起與學者提倡，使得「文化權力下放」成為朝野共識，文藝季改以「人親、土親、文化親」全國文藝季為主題，開始轉型。全國文藝季活動不僅是文藝活動的推廣與舉辦，而是由各縣市自行擬定一個深富文化意義的主題，以強調文化落實地方之重要性。各縣市活動的主題不管是產業文化的呈現，或是社區營造系列的推展，皆圍繞在這個主題上，希望以活動為引子，帶動地方產業的提升，發掘地方珍貴的文化資源與特色，為自己的故鄉找尋一個可長可久的發展契機。使官方文化單位注重地方文史工作，重新發掘地方文史特色，根據地方特殊歷史文物風土民情，發掘及整合地方文化資源，亦使地方文史工作室蓬勃興起。

二、海洋城市的文化操作（1998-2010）

㈠空間解嚴城市美學再造

1998年12月5日，第二任民選高雄市長選舉，由原在野的民進黨市長候選人謝長廷當選，在文化面向的施政上，相較於之前較屬被動地、與其他縣市政府類似的，由地方政府回應中央計畫（如全國文藝季）等施政，高雄市自此之後展現明顯將文化作為城市形象改造重要環節之企圖，學者王俐容（2006）曾對此一脈絡有深入探討：

> 臺灣長期重北輕南的政策，使得高雄市的藝文發展相較於臺北市起步晚，相關資源也高度不足；因此，高雄往往被視為是一處「文化沙漠」，這種批評對高雄人來說，是一種自尊心的壓抑。因此，在1998年高雄市長選舉時，民進黨候選人謝長廷提出五項訴求，其中之一就以促進市民藝術文化讓高雄市走出「文化沙漠」的悲情為選戰訴求。「文化沙漠」這個語詞大約意味著幾件事：高雄的文化藝術活動少；文化空間少；歷史古蹟少。……然而近年來，文化藝術方案似乎慢慢受到重視，首先，基於某種南北平衡的政治考量，原本長期在臺北舉行國慶的煙火，自2000年開始移到高雄舉辦；以及接下來2001年的元宵燈會也是如此，經由這樣的活動，高雄市政府開始感受到大型活動以行銷與重新建構城市形象的重要性。之後，高雄市政府開始以「行銷高雄」為核心任務，辦理許多挖掘高雄人文故事、展現在地特色的活動，並致力推動高雄文化重建、高雄自尊再造，和行銷高雄價值、創造利益共享的結合，而成為一種都市建設的策略。2001年10月，市政府邀請世界三大

男高音之一的卡瑞拉斯（Jose Carreras），到高雄為市民開唱。接連推出的城市光廊計畫（2001）與貨櫃藝術節（2001）；並在謝市長尋求連任競選前完成小港花卉市場開幕（2002），與高雄市電影圖書館的設置（2002），這些文化方案受到市民與輿論的歡迎，使得謝長廷連任成功後，繼續文化藝術活動的推廣，如市民藝術大道、高字塔文化園區與駁二藝術特區等地，舉辦貨櫃藝術節（2003）、國際啤酒節（2003，2004）等藝術活動，結合文化藝術推展與市容更新，進一步打造新高雄市的形象。

由上觀之，文化治理幾大面向包括：城市光廊公園圍籬撤除，空間解嚴為城市地標，成為其他縣市觀摩典範、文化愛河流域親水空間打造，以及如貨櫃、鋼雕藝術節等具能量之城市藝術節慶皆在此時提出，並成為關注焦點，尤其重視親港親水空間美學改造。

> 海岸線的「開放」，讓高雄人一抬頭就可以看到海、看到船；城市光廊的開闢，更觸發市民對公共空間的思考。高雄人深深體會身為海洋城市一員的驕傲。……選擇故鄉也是一種生活尊嚴。如何突顯高雄可認同的特色，創造可辨識的生活方式，透過民眾參與來達成，正是打造高雄新故鄉的不二法門。（曾梓峰，2002）

㈡ 高雄市政府文化局成立

此一時期最值得關注的文化事件，當屬高雄市政府文化局於2003年1月1日成立，歷經八年的孕育與陣痛，高雄市政府於1994年10月30日通過市政會議之決議，同意成立文化局後，文化局的籌備

工作前後經過了籌備委員會、推動小組及成立正式籌備處等三個階段，其中許多民間文化團體亦積極地參與，並曾召開了多次籌備會議與公聽會，終於在2003年1月1日正式成立。

在漫長的籌備期間，臺北市政府最早已於1999年11月6日成立第一個縣市文化局，其後全國二十五縣市中亦有二十數個縣市由原文化中心升格文化局（處）。經研究調查，高雄市政府文化局非以原文化中心升格而成，為新設局，初期其下設一、二、三、四科，原文化中心規劃為局內處，並併入由教育局移撥之高雄市立美術館、高雄市立歷史博物館等附屬單位，以及由民政局移撥之高雄市文獻委員會與文化資產等相關業務。

文化局成立後，至2010年縣市合併改組前歷經七年，歷任四位局長，首任局長係原新聞處長轉任的政治學者管碧玲（2003年1月1日至2004年9月15日）、第二任局長為旅美歸國舞蹈學者葉景雯（2004年9月15日至2005年6月）、第三任局長係詩人文學家王志誠（筆名路寒袖）（2005年7月19日至2008年8月2日）、第四任局長係原新聞處長轉任之視覺影像編導史哲（自2008年9月23日上任至2010年底高雄縣市合併；亦為縣市合併後首任文化局長）。文化施政角度依專業背景不同，關注焦點與任務亦明顯不同。

若以首長交接關鍵時間的官方新聞稿件，或可看出端倪。列舉2004年9月15日、2005年7月19日，與2008年9月19日三則官方新聞稿如下：

　　【高雄訊】高雄市政府文化局第一、二任局長交接暨新任局長宣誓就職典禮，高雄市副市長林永堅擔任監交及監誓人，致詞時肯定並感謝管局長從新聞處長到文化局長任內對市府業務及文化工作的貢獻與成就，他說，市府團隊的績效從民調最低潮一路攀升至現在的百分之七十八，管局長運用傳播媒體成功形塑高雄城市意象

的卓越表現，大家有目共睹；文化局成立後擔任首任局
長，更讓文化局的預算呈倍數增加，在短短一年半的時
間內，管局長為整個城市基礎工程之下注入友善與文化
的元素，提升高雄的文化氣息與意象更是功不可沒，他
期待管局長在轉戰立委後能代表高雄藝文界基層對市府
目前積極爭取的青少年流行音樂廣場及衛武營劇場案向
中央闡述與爭取。林副市長同時推崇葉局長具有清秀的
舞蹈家氣質，加上雄厚的藝文學術理論基礎，期待她能
發揮專長，協助高雄市研擬第七屆世界運動會閉幕典禮
八分鐘的表演計畫，讓高雄第一次站在全世界矚目的焦
點上展現出最耀眼的一面，並藉由這次的展演讓全世界
認識臺灣、了解高雄，他也以「A到A＋」期待葉局長能
有更傑出的表現。（高雄市政府全球資訊網，2004）

【高雄訊】集文學與音樂作家於一身，高雄市政府文化
局新任局長王志誠（筆名路寒袖），今天正式上任。王
局長接受媒體專訪時表示，未來將全力推動城市閱讀計
畫，並結合文化行銷與社區營造住民參與等工作，形塑
並提升高雄城市的文化質感。王局長表示，文化有殊異
性亦有共通性，高雄市因具有「包容」、「吸納」的港
口意象而形塑成這個都市的獨特風格，而高雄融合早期
工業特色，已不再是個「草莽」城市，而是新型的都
會城市，但建構城市的文化質感在於「閱讀」習慣的培
養，因為「閱讀」是推動任何文化藝術的重要管道，
因此未來他會著重培養城市閱讀習慣，推動「高雄好讀
書」計畫，以形塑高雄的文化質感。（高雄市政府全球
資訊網，2005）

【高雄訊】高雄市長陳菊今（9/19）日發布重要人事決定……文化局長由史哲轉任，陳菊肯定他在新聞處長任內，以創意行銷提升城市形象的成績。陳菊說明，史哲過去曾任導演，製播公視節目於2004年獲金鐘獎殊榮，於新聞處長任內舉辦第七屆高雄電影節，「一口氣讓高雄電影節觀影人數提升五倍」，深獲好評。另外，陳菊也例舉跨年晚會西班牙前衛劇團拉夫拉「世界之船」表演、「高雄設計節」與「向小摺致敬」等多項市府大型活動，讓高雄市民印象深刻，都是史哲的傑作。陳菊進一步說明，2009年世界運動會的籌辦工作已經進入緊鑼密鼓的階段，文化局負責世運開、閉幕，雖然預算經費有限，無法比擬北京奧運，但一定要呈現臺灣在地文化的特殊性。陳菊形容史哲接任文化局長可謂「任重道遠」，希望借重他的創意專長，繼新聞處長任內完成世運主媒體轉播、商品開發與售票規劃後，期待他到文化局再承擔世運開、閉幕這個艱鉅的任務。（高雄市政府全球資訊網，2008）

　　從上述官方新聞通稿，可看出文化治理焦點脈絡，從城市各項基礎文化工程的全面政績考量式奠基，到德國世運接旗表演藝術展現，城市閱讀運動的文學建構書寫，以至世運開閉幕與影視、文創產業的著墨，各有關注不同。

　　然梳理歷年文化局施政計畫，文學閱讀、藝文補助、文化資產、地方文化館、表演藝術、城市節慶、公共藝術、社區營造等工作，已成為長期推動的文化工作，即或文化首長有不同之關注或傾斜，常態業務仍持續推動。或可說，相較於之前文化局未成立前，文化活動僅以新聞媒體包裝，因應首長喜好的變動頻繁，設置文化局此一文化專責單位確實有使文化業務常態持續累積之必要性。

第三節　城市文化治理趨勢

一、國際工業城市轉型

　　工業城市試圖轉型為創意城市為全球趨勢之一，本研究舉三個工業港口城市，皆因地理位置優越曾擁有輝煌歷史，在航海時代乃至工業革命初期極為繁榮，但歷經第二次世界大戰與後工業化的浪潮席捲後，一度面臨繁華落盡危機，這些城市以不同策略與資源進行城市轉型，曾為高雄市政府官員出國考察取經仿效之對象，究竟它們如何以文化創意產業及觀光業為老舊城市打造生氣蓬勃的新面目？而這些案例是否能讓同為臺灣最大工業海港城的高雄市，提供可借鏡之處？探討如下：

㈠ 荷蘭─阿姆斯特丹

　　荷蘭與臺灣同為地狹人稠、資源有限且仰賴貿易的國家，但它卻能扭轉地理上的限制。透過完整的空間設計策略，將都市、景觀、建築與公共建設融為一體，造就出世界第一流的建築設計典範。都市規劃與設計之外，荷蘭特有的城市開放文化也成為形塑其城市特色的重要基石。

　　荷蘭是小國，必須走向海外，創意產業也要賣到國外才有出路。因此政府早在二十年前就開始扮演推手角色，荷蘭政府相信人才是轉型非常重要的一環，故以經費補助有潛力的新秀，未來他們成為可造之才，就會成為別人學習的模範，形成創意氛圍。而在2007年指出荷蘭創意產值已達三百五十億歐元，占荷蘭GDP的5%，年GDP成長為2.9%，創意產業成長率卻有10%，居各產業之冠（Hyperain, 2005）。

㈡ 西班牙─巴塞隆納

　　巴塞隆納，一個看似八面玲瓏的城市，其實也是從工業城市轉型而來的。其在20世紀末期歷經工業衰退，需要轉型，政府提出了

22@Barcelona都市更新計畫。22@區已經是西班牙匯集媒體、科技各種創新人才的知識型聚落，隨處可見綠地、福利住宅與公共運輸系統，並有大學城、當代藝術館，而飯店、購物中心等服務業也紛紛進駐。

歷經悠遠的羅馬帝國時期，並且曾是當時的貿易中心，造就了它豐富多元的文化。它利用既有的建築、藝術文化的影響力，吸引人才至此，而人拉人的結果就是讓整個巴塞隆納變成創意人才聚集的城市。（林讓均，2010）

㈢ 英國—曼徹斯特

作為英國的傳統工業基地和僅次於倫敦的中心城市，曼徹斯特在二戰後經歷了從繁榮到衰落，再通過轉型重新回歸繁榮的過程。東曼城以打造規劃合理、交通完善、注重環保，可多元發展的永續社區為宗旨。在這個基礎下，希望興建功能與形式多變的住宅類型，以吸引不同族群人口的入住。

當中的伊斯靈頓棉紡廠具有濃厚的文藝和藝術實驗性質，改建後為藝術家提供五十多間工作室，兩座藝廊，一個錄音室和一個Live house。其中的Canal Street有一個歐洲最大的Gay Village（同志村），新的酒吧和俱樂部陸續開在這區域，使曼徹斯特的夜光經濟增長明顯（曹晟、唐子來，2013）。而夜光經濟的活躍也是創意城市的象徵之一。這個社區多元兼融，風氣多樣，可應用前卷Richard Florida的同志指數，代表此地人才聚集眾多，可望形成了Charles Landry創意氛圍。

從上述三個城市案例，可從中得知：⑴經費補助新秀人才、⑵完整空間設計策略、⑶高度開放的多元氛圍、⑷蓬勃的日間與夜光經濟，皆是工業大城轉型關鍵，值得高雄打造創意城市借鏡。

二、城市意象與文化節慶

　　高雄市爲臺灣重工業港口大城，貨櫃船與港灣交織高雄的城市意象，然近年來，高雄港從世界排名第三大貨櫃商港，一路下滑到第十三名，商港的營運停滯倒退，已被諸多亞洲港口迎頭趕上，迫使高雄港這幾年積極轉型。

圖15　船、貨櫃、大港與各種工業交織高雄城市意象

　　值得關注的是，各城市面臨轉型之際，常會推出具城市意象之特色文化節慶，本研究觀察，高雄市此一時期，與海港城市意象明顯相連的城市節慶，於2001年首屆舉辦的「高雄國際貨櫃藝術節」已見端倪，城市文化施政，試圖讓原爲國際物流工具的貨櫃，成爲國際文化交流的元素，節慶的地理氛圍與空間場域選擇極爲重要，有其脈絡可循：

　　2001年「貨櫃的101種想法」、2003年「後文明」活動場域設於碼頭區；2007年「永續之城」與2009年「邁向理想城市的N種做法」，場域設定在高雄市立美術館周邊園區，但脫離原海港意象。

圖16　高雄貨櫃藝術節曾有幾屆場域移往高雄市立美術館園區

高雄國際貨櫃藝術節第一屆辦理地點在高雄港19-21號
碼頭，市府並特意將之命名為「海洋之星」，第二屆地
點在海洋之星南側的中油煉油廠成功廠區，第三屆選擇
高美館東側空地建構童趣遊樂園，第四屆則以高美館內
惟埤園區來呼應永續之城的生態創作主題。回歸市區草
地，醞釀童趣冒險以及經營生態城市的結果，顯然效果
不如預期。這或許不是單純場地的癥結，但貨櫃和海洋
的強烈附合重疊意象，如果要拆解，顯然還需要更細膩
精心的手法與詮釋。以海港貨櫃為創作載體的高雄國際
貨櫃藝術節，既是市港合一親水政策下，整治自然地理
環境的成果顯現，也在彰顯城市特有海港特色。（陳茹
萍，2009）

　　而後，2011年「我與貨櫃的N種相遇」、2013年「可以居」，以
及2015年「明日方舟」則回到與海港相鄰的碼頭，選擇於駁二藝術
特區舉辦，重現海港城市節慶意象。
　　回溯歷史間的高雄文化政策治理，隨市港合一的到來，城市與港
灣界籬的拆卸，代表港灣文化的「貨櫃」更直接成為高雄的城市風景

之一。「貨櫃」是高雄意象中，強烈而具特質的都市元素，「貨櫃藝術節」即是利用此一特點，讓「城市產業特質」V.S.「城市文化特色」，把原本承載「經濟物流」重任的貨櫃，化身爲承載「文化藝術交流」使命的列車。誠如藝術節所標榜的「貨櫃之於高雄，是產業特徵，更是城市風景」。藉由把貨櫃與高雄城市發展歷史的關聯性勾描出來，是此時期高雄市具城市轉型特色文化治理亮點之一。

第六章

縣市合併後高雄市文
創產業與觀光觀察
（2011年至今）

　　行政院內政部於2009年9月1日正式發布「高雄縣市合併改制計畫」，自2010年12月25日高雄縣市合併改制為「高雄市」。縣市合併後，各層級文化機構組織編制有諸多整併調整，文化創意產業成為重點政策之一。前述章節探討「文化創意產業」政策，近來在國際間成為城市發展的新力量，本章接續探討2010年縣市合併後，各文創產業範疇在高雄市之對應，並聯結觀光產業。

第一節　高雄市「文化創意產業」業務對應

　　首先，由高雄市政府文化局組織業務執掌探討。2010年12月25日縣市合併，經本研究文獻彙整暨田野訪查[1]，原高雄縣政府文化局與高雄市政府文化局合併成新的高雄市政府文化局。文化發展中心（原一科）、文化資產中心（原二科）、表演產業中心（原三科）、文創發展中心（新設，原四科改制）、影視發展中心（新設，原新聞處所屬單位移入）、駁二營運中心（新設，原四科改制）、岡山文化中心（原高雄縣文化局）、文化中心管理處（除管理原高雄市文化中心外，增大東文化藝術中心）等單位負責推動大高雄藝文相關業務，以推動文化政策。業務執掌製表如下：

表5　縣市合併後高雄市政府文化局組織編制表

科室別	業務職掌
文化發展中心	文化政策與制度之研訂、文化交流之規劃與推動、文化藝術基金會之設立及監督輔導、文化（文創）資源研究規劃及調查統計、文創產業年報出版、文化人才培訓、文學獎補助計畫及專書出版規劃、傑出藝文人士表揚、文化藝術展演活動資訊平臺、網頁應用及設計、法制、資訊業務等事項。

---

[1] 研究者曾於高雄市政府文化局工作七年（2003-2010），後擔任各採購標案評選委員，常與各級文化局主管與同仁多所互動，得以就近田野訪查多方了解，以補文獻資料之有限。

科室別	業務職掌
文化資產中心	古蹟、歷史建築、聚落、遺址、文化景觀之文史及地理特性調查、指定登錄、修復工程、保存範圍之都市或區域計畫釐訂、一般綜合性維護管理與再利用產業發展營運規劃，社區總體營造、地方文化館環境規劃與推動等事項。
表演產業中心	表演藝術活動之規劃策辦與行銷推廣，表演藝術資料之蒐集研究與規劃，國內外表演藝術交流推廣，藝文團體之立案、管理與輔導，藝文團體補助、獎勵及評鑑，街頭藝人之輔導、推廣及街頭藝人資料庫建立等事項。
文創發展中心	文創產業發展政策擬定、文創產業投資設計與問題調查、文創資產開發與運用、活動聯繫與新聞發布、流行音樂產業發展與扶植、流行音樂活動推廣與行銷、公共藝術審議及推廣、視覺藝術研究及人才扶植、策辦及引進國際性展覽活動、培育藝術策展人才、辦理國際性座談會及推動國際藝術交流平臺等事項。
影視發展中心	影視政策與制度研訂、影視行銷活動之規劃與推動、影視基金會之設立及輔導、策辦大型影視活動、拍片支援勘景協拍及任務推展、影視展演活動資訊平臺及拍片支援雲端服務網路系統建置、影視人才培訓、爭取中央大型影視政策於本市落腳、制定及執行影視獎助計畫、製作影視及協拍專刊及相關出版品、拍片支援中心綜合性行政庶務管理等事項。
駁二營運中心	駁二藝術特區之展演推廣策畫研究及招商營運業務、設計產業之進駐扶植、倉庫群修繕擴建保養之規劃設計施工管理，以及園區處所管理、倉庫管理、物料管理、財產管理等庶務執行等事項。
岡山文化中心	綜理岡山文化中心表演廳、展覽館及園區管理等業務。
文化中心管理處	綜理高雄文化中心（至德堂、至善廳、至真堂、至美軒、至高館、至上館、雅軒）、音樂館及大東文化藝術中心（演藝廳、展覽館）之表演劇場管理、展場管理、檔期申請。並策辦藝術市集、高雄美術展、美術推廣活動等業務。

（本研究整理，原始資料來源：高雄市政府文化局）

　　前已提及2010年政府為促進文化創意產業發展，制定並頒布《文化創意產業發展法》。將文化創意產業定義為「源自創意或文化積累，透過智慧財產之形成及運用，具有創造財富與就業機會之潛力，並促進全民美學素養，使國民生活環境提升之產業」，文化創意產業的產業類別為15＋1類。本研究經訪查，將各文創產業類別，中央政府與高雄市政府業務執掌之對應，分析製表如下：

表6　文創產業中央政府與高雄市執掌對應表

產業類別	中央事業主管機關	內容及範圍	高雄市
一、視覺藝術產業	文化部	指從事繪畫、雕塑、其他藝術品創作、藝術品拍賣零售、畫廊、藝術品展覽、藝術經紀代理、藝術品公證鑑價、藝術品修復等行業。	高雄市政府文化局「文創發展中心」
			高雄市政府文化局「文化發展中心」
			高雄市政府文化局「文化中心管理處」
			高雄市政府文化局「駁二營運中心」
			高雄市立美術館
二、音樂及表演藝術產業	文化部	指從事音樂、戲劇、舞蹈之創作、訓練、表演等相關業務、表演藝術軟硬體（舞臺、燈光、音響、道具、服裝、造型等）設計服務、經紀、藝術節經營等行業。	高雄市政府文化局「表演產業中心」
			高雄市政府文化局「文化中心管理處」
			財團法人高雄市愛樂文化基金會

產業類別	中央事業主管機關	內容及範圍	高雄市
三、文化資產應用及展演設施產業	文化部	指從事文化資產利用、展演設施（如劇院、音樂廳、露天廣場、美術館、博物館、藝術館（村）、演藝廳等）經營管理之行業。	高雄市政府文化局「文化資產中心」
			高雄市立歷史博物館
			高雄市立美術館
			高雄市政府文化局「駁二營運中心」
			高雄市政府文化局「文化中心管理處」
			高雄市政府文化局「岡山文化中心」
四、工藝產業	文化部	指從事工藝創作、工藝設計、模具製作、材料製作、工藝品生產、工藝品展售流通、工藝品鑑定等行業。	高雄市立美術館
五、電影產業	文化部	指從事電影片製作、電影片發行、電影片映演，及提供器材、設施、技術以完成電影片製作等行業。	高雄市政府文化局「影視發展中心」
			高雄市電影館
六、廣播電視產業	文化部	指利用無線、有線、衛星或其他廣播電視平臺，從事節目播送、製作、發行等之行業。	高雄市政府新聞局「新聞行政科」[2]

2　高雄市政府新聞局科室業務介紹http://kcginfo.kcg.gov.tw/cp.aspx?n=D222AB2C227DC406

產業類別	中央事業主管機關	內容及範圍	高雄市
七、出版產業	文化部	指從事新聞、雜誌（期刊）、圖書等紙本或以數位方式創作、企劃編輯、發行流通等之行業。	高雄市政府新聞局「綜合出版科」
			高雄市政府文化局「文化發展中心」
八、廣告產業	經濟部	指從事各種媒體宣傳物之設計、繪製、攝影、模型、製作及裝置、獨立經營分送廣告、招攬廣告、廣告設計等行業。	高雄市政府經濟發展局
九、產品設計產業	經濟部	指從事產品設計調查、設計企劃、外觀設計、機構設計、人機介面設計、原型與模型製作、包裝設計、設計諮詢顧問等行業。	
十、視覺傳達設計產業	經濟部	指從事企業識別系統設計（CIS）、品牌形象設計、平面視覺設計、網頁多媒體設計、商業包裝設計等行業。	
十一、設計品牌時尚產業	經濟部	指從事以設計師為品牌或由其協助成立品牌之設計、顧問、製造、流通等行業。	
十二、建築設計產業	內政部	指從事建築物設計、室內裝修設計等行業。	高雄市政府工務局[3]「建築管理處」

3　高雄市政府工務局機關組織與業務執掌http://pwb.kcg.gov.tw/Web/

產業類別	中央事業主管機關	內容及範圍	高雄市
十三、數位內容產業	經濟部	指從事提供將圖像、文字、影像或語音等資料，運用資訊科技加以數位化，並整合運用之技術、產品或服務之行業。	高雄市政府經濟發展局
十四、創意生活產業	經濟部	指從事以創意整合生活產業之核心知識，提供具有深度體驗及高質美感之行業，如飲食文化體驗、生活教育體驗、自然生態體驗、流行時尚體驗、特定文物體驗、工藝文化體驗等行業。	高雄市政府經濟發展局（亦與高雄市政府觀光局、高雄市政府文化局有關）
十五、流行音樂及文化內容產業	文化部	指從事具有大眾普遍接受特色之音樂及文化之創作、出版、發行、展演、經紀及其周邊產製技術服務等之行業。	高雄市政府文化局「文創發展中心」
十六、經中央主管機關指定之產業	文化部		

（本研究整理）

第二節 十五項文化創意產業範疇推動分析

承續上表，依據文創法十五項文創範疇，本研究經田野調查與文獻爬梳，以2010至2015年歷年各會期，高雄市政府承報高雄市議會之「高雄市政府文化局各會期施政業務報告報告」（高雄市議會，2016）為基礎，進而分類探討高雄市文創產業推動如下：

一、視覺藝術產業

「視覺藝術產業」在高雄市的推動牽涉到幾個不同單位：

其一，高雄市政府文化局「文創發展中心」，公共藝術審議及推廣、視覺藝術研究及人才扶植等。

其二，高雄市政府文化局「文化發展中心」：文化藝術基金會之設立及監督輔導、文化藝術展演活動資訊平臺。

其三，高雄市政府文化局「文化中心管理處」：管理至真堂、至美軒、至高館、至上館、雅軒等展覽館，以及大東文化藝術中心展覽館。並策辦藝術市集、高雄美術展、美術推廣活動等。

其四，高雄市政府文化局「駁二營運中心」：駁二藝術特區之展演推廣策劃。

其五，高雄市立美術館：美術館有多數視覺藝術為主之展覽、計畫。

除上述外，值得關注的是，視覺藝術產業除創作外，有關藝術品拍賣零售、畫廊、藝術品展覽、藝術經紀代理、藝術品公證鑑價等行業，2013年起舉辦「高雄藝術博覽會」，陸續在駁二藝術特區與翰品酒店、城市商旅聯合展覽展出，打開高雄新藝術市場。

圖17　2013年高雄藝術博覽會首次媒合飯店與藝術特區

二、音樂及表演藝術產業

「音樂及表演藝術產業」在高雄市的推動牽涉到幾個不同單位：

其一，高雄市政府文化局「表演產業中心」：負責表演藝術活動之規劃策辦與行銷推廣，表演藝術資料之蒐集研究與規劃，國內外表演藝術交流推廣，藝文團體之立案、管理與輔導，藝文團體補助、獎勵及評鑑，街頭藝人之輔導、推廣及街頭藝人資料庫建立等事項。

其二，高雄市政府文化局「文化中心管理處」：綜理高雄文化中心至德堂、至善廳、高雄市音樂館，及大東文化藝術中心演藝廳之表演劇場管理。

其三，財團法人高雄市愛樂文化基金會：2011年文化局交付基金會使用管理大東文化藝術中心演藝廳任務，藉由基金會行政團隊及駐館樂團引進優質節目，提供演藝廳劇場前後台服務，並配合表演團隊辦理多樣之城市藝文活動，兼顧專業性與整體藝文發展政策執行本項文化建設，以厚植城市文化力為目標。

除上述外，縣市合併後，文化施政的創新在於自2012年3月起，大東文化藝術中心於每週六、日在演藝廳入口大廳推出免費「大廳音樂會」。

圖18　文化中心至德堂為高雄市重要表演藝術殿堂，圖為演出結束觀眾散場

　　而音樂與表演藝術大型節慶上，最受注目當屬「高雄春天藝術節」，自2010年起由高雄市政府文化局、高雄市文化基金會與高雄愛樂文化藝術基金會共同辦理。如「馬林斯基劇院基洛夫芭蕾舞團暨交響樂團古典芭蕾暨戶外轉播」、「普普教父安迪沃荷世界巡迴展」、「2012春天藝術節KSAF-DV8肢體劇場《Can We Talk About This?》」，「2013春天藝術節KSAF-大師經典‧不再遺憾。碧娜‧鮑許《春之祭》&《穆勒咖啡館》」、「2014春天藝術節KSAF－超譯經典∞夢想無界」，直至2015、2016年皆以大型國際展演為主，引進國際知名表演藝術團隊，擴大國際城市藝文交流；邀請國內團隊演出，並鼓勵在地團隊創新製作。更積極開發南部藝文購票觀眾市場，推動表演藝術產業發展。年年獲得廣大迴響，成為南臺灣大型表演藝術類城市藝術節。2010年起，於「高雄春天藝術節」開闢「草地音樂會」系列，是高雄自然環境、公共空間與主辦單位的創意所結合下的成果。

圖19　草地音樂會舉例：紙風車劇團（左）與nasa星世界天文探索（右）

　　除引進國際展演之「高雄春天藝術節」系列節目，爲了照顧非市區的大高雄市民舉辦「莊頭藝穗節」，原本於市區廳堂內演出的歌仔戲、音樂會、囝仔戲節目，上山、下海、入林……搬到各個莊頭巡迴演給高雄各區在地居民免費欣賞。

　　此外，回歸到劇場的原型「小劇場運動」，在駁二藝術特區蓬萊倉庫B9棟，舉辦「正港小劇展」，帶來表演藝術最原始的能量，其意義在於突破傳統劇場（尤指「文本式」或「鏡框式」的表演法）的限制，企圖尋找劇場更多的可能性，打破舞臺與觀眾的藩籬，藉由表演來完成意念的傳達，劇場建構有實驗劇場演出所需的基本硬體設備，可容納三百位觀眾，同時搭配舞臺使用方式而增減觀眾席次。

　　然而，本研究以爲，大高雄在地文創能力的貯存，仍須從延續傳統文化藝術活動，賦予新定義或新生命力。如推升傳統藝術在地特色的「戲獅甲藝術節」，成爲國際級武術競技與臺灣藝陣精華、吸收新文化元素的「高雄國際偶戲節」等藝術展演，到高雄市政府其他各單位辦理具有濃厚鄉土「趕集」色彩的「岡山籃筐會」、展現地方藝陣和歷史故事的「內門宋江陣」等民俗活動，皆與文創觀光有所聯結。

圖20　戲獅甲藝術節至臺北小巨蛋辦理臺北高雄雙城會

三、文化資產應用及展演設施產業

「文化資產應用及展演設施產業」，涉及文化資產再利用，以及各類型展演設施在高雄市的推動，經分析牽涉到幾個不同單位：

其一，高雄市政府文化局「文化資產中心」：負責古蹟、歷史建築、聚落、遺址、文化景觀之文化資產，以及地方文化館推動等事項。

在全球化的時代倡導文化資產保存，格外具有意義。研究全球化的學者都指出，世界愈是進入國界模糊的時代，地方特色的重要性愈高。同時，「文化產業」的世界潮流方興未艾，可以預見地方文化特色和文化產業這兩股趨勢合流。文化資產將是臺灣最重要的「名片」，足以向全世界說明「我是誰」，同時也是下一波產業發展的「原料庫」、「基因庫」。……1982年，臺灣在制定「文化資產保存法」之後，政府和民眾逐漸建立保存文化資產的觀念，從中央到地方政府，都花費不少心力

保存或指定古蹟、發揚傳統藝術，但我們始終欠缺更大
的格局，就是把臺灣放在全球架構下，來理解我們所做
的文化資產保存工作。一旦提高眼界，會看到我們為臺
灣文化資產付出的努力，固然一方面為了自己，同時也
是為了保存世界文化的多元性，為地球保存一部分文化
基因。（陳郁秀，2006）

　　本研究以為，臺灣是一座擁有不同外來文化交會融合的島嶼國
度，從大航海時期荷蘭、西班牙國際競爭、鄭氏治台漢人文化大規模
進駐、清領時期西洋文化的進入、日治時期東洋文化的殖民，演變至
今，各個不同時期遺留的文化資產，正是不同歷史階段的見證。文
化創意產業的年代，文化資產除了要保存，進而活化，更是具有教
育、文化傳承，甚或觀光休閒文化產業的創造力，不同時代的古蹟與
人民不同的對話，結合不同生活方式創造出的新文化內涵，這正是臺
灣在文化創意產業的年代，最重要也最值得珍惜的文化能量。高雄市
文化資產再利用成為文化觀光景點者，最為知名者當屬打狗英國領事
館文化園區，2013年11月12日開放入園，包括山下領事館辦公室及
串連兩地的登山古道。

圖21　高雄市打狗英國領事館官邸（左）與武德殿（右），為清領與日本時
　　　代文化資產活用之文化館

圖22　打狗英國領事館文化園區古蹟修復前（左），修復後（右）

　　此外，推動「高雄市文化公車」串連哈瑪星、左營、鳳山地區的文化觀光景點，用導覽說故事的方式，充分展示高雄深度文化以及多元歷史、族群特色，便利國內外遊客。

圖23　高雄市文化公車現有哈瑪星、左營、鳳山三線，設有鳳山歷史教室位於大東文化藝術中心，圖為實踐大學觀光管理學系參訪合影

　　其二，高雄市立歷史博物館：本身為舊市政府古蹟再生為博物館，並以保存並發揚高雄地區歷史文化為工作目標，博物館本身即為為展演設施。

　　縣市合併後新設展演空間空間，包括成立「打狗鐵道故事館」舊打狗驛創建於1900年，為高雄第一個火車站，也是臺鐵最大的貨物

編組站，隨著都市的擴張，高雄火車站雖已遷移了，但2010年重新以「打狗鐵道故事館」的嶄新風貌，成為鐵道迷悠遊鐵道文化的景點。

此外「紅毛港文化園區」也在2013年營運，由原來就有的高字塔結合周邊環境資源整建而成，總面積有3.42公頃，在園區內規劃了「高字塔旋轉餐廳」、「展示館」、「戶外展示區」、「天空步道」、「碼頭與候船室」、「觀海平臺」六大區域，呈現紅毛港人世居在此、代代相傳所累積下來特有生活方式，如「潟湖」、「蝦苗養殖」、「捕烏魚與卡越仔」、「角頭廟」、「帆筏風華」等等，呈現紅毛港歷史風貌。而為紅毛港文化園區打造三艘專屬的「紅毛港文化園區觀光輪」遊艇，依紅毛港聚落文化特色命名為「海汕號」、「烏金號」、「保庇號」，行駛往來打狗英國領事館文化園區、駁二藝術特區與紅毛港文化園區之駁二航線及遊港航線。

其三，高雄市立美術館：藝術博物館本身即為文化展演設施。

圖24　高雄市立美術館為展演殿堂，圖為達利展（左）與南島藝術計畫發表會（右）

其四，高雄市政府文化局「文化中心管理處」：文化中心本身為展演設施。並管理縣市合併後新文化景點大東文化藝術中心。配合地區文化的發展，擁有七十萬人口的鳳山區，考量原有的國父紀念館展

演空間不足與設施老舊，無法發揮現代藝文展演中心的功能，臺灣21世紀最新落成文化園區—大東文化藝術中心，大東文化藝術中心涵蓋劇場、展場、藝術圖書館等主體建築及園區景觀規劃。一系列國際級演出及展覽，及週休假日之戶外藝文饗宴、大廳音樂會、大東講堂及現代劇場探祕等，將使鳳山區藝文榮景直接與國際接軌，成為南臺灣最受注目的文化地標。

圖25　大東文化藝術中心有各式展演，為文創觀光知名景點

其五，高雄市政府文化局「岡山文化中心」：岡山文化中心本身為展演設施。

其六，高雄市政府文化局「駁二營運中心」：駁二藝術特區本身即為展演設施。原透過文建會「閒置空間再利用計畫」再生為藝術特區，但早期處於摸索階段，且當時臺灣文化藝術氛圍尚未成為青年學子之時尚表徵，難以建立駁二特區的文創印象。近年透過廣泛的媒體通路努力經營，尤其捷運以及臨港自行車道，讓駁二藝術特區變成一個文創觀光的新文創天地。

圖26　高雄駁二藝術特區在縣市合併後由高雄市政府文化局「駁二營運中心」主管

　　本項文創範疇所涵蓋之如博物館展演設施、文創園區空間（如駁二藝術特區），為文創觀光主要觀光資源，另於第七、八章專章探討。

四、工藝產業

　　工藝產業指從事工藝創作、工藝設計、模具製作、材料製作、工藝品生產、工藝品展售流通、工藝品鑑定等行業。經調查，工藝產業在高雄市的推動並無明顯對應機構。

　　然文化局主管視覺藝術與其有關聯，此外，高雄市立美術館，蒐集本土與國際藝術資源，常有工藝類別的展覽。

五、電影產業

　　經田野訪查，高雄市政府推動電影產業的時間並不長，長久以來，南部地區一直沒有電影文化推廣的單位及相關軟硬體設施，而電影界所舉辦的各項活動也以北部為重心，高雄市為了推動電影產業，替南臺灣的民眾帶來更豐富、更多元的影像視野，從推動電影文化藝術，開始慢慢地增加民眾對於電影產業的認識，主要有「高雄市電影館」及「高雄市政府文化局影視發展暨拍攝支援中心」兩機構推動，分述如下：

　　其一，高雄市電影館

　　高雄市電影館，為推動影像藝術文化的基地，設有映演組、推廣組、行政組，舉辦如自2001年開辦至今的「高雄電影節」，更是高雄市電影館推動高雄影業發展的指標性活動，為高雄著實提升了國際能見度和在地觀光熱潮。

　　高雄市電影館為高雄市政府文化局附屬之獨立機關，成立於2002年11月，全年提供免費電影資源借閱，其後常態性舉辦主題影展，以打造「公立藝術電影院」為目標，除了提供千萬獎勵金，並設置電影事務委員會，鼓勵電影劇組南下拍片，高雄慢慢成為國內導演思考取景地點。

圖27　高雄市電影館外觀（左）、二樓放映室（中）、一樓步道咖啡館（右）

　　其二，高雄市政府文化局影視發展暨拍片支援中心

　　經實勘調查，為了振興在地的影視文創產業，高雄市於2009年6月成立臺灣第一個地方政府專職協助影視從業人員拍片的單位，吸引許多劇組在高雄取景，打造友善拍片城市形象，並提供具體化的服務窗口「拍片支援中心」。中心內設有討論、開會、試鏡及器材寄放等功能之空間，為外地的劇組提供了工作場地的支援，也有為業者提供本地影視與人才資源整合、地理資料的資訊。

　　從2010年底開始，縣市合併的大高雄正式誕生，除了幅員更遼闊，自然景觀更豐富多元外，市府擴大編制並且成立「影視發展暨拍片支援中心」，更進一步勇於嘗試以投資的角度與電影製作，希望從工業城市轉型為觀光城市，舉例如下：

1. 《天邊一朵雲》（2005年蔡明亮導演拍攝）──蓮池潭

　　片中透過「吃西瓜」來觀察男女之間的情慾，呈現出現實生活中的人生百態，卻經常被世俗與道德所刻意遮蔽。整個舞臺在高雄市左營區的蓮池潭，清朝即在潭水中栽植蓮花，夏日荷花清香四溢，「泮水荷香」列為高雄八景之一，更是國內外觀光客造訪必經之地。電影搭配誇張服飾及歌舞劇風格，兼顧娛樂與商業的價值，其中男主角李康生與臨時演員在雙塔前，持西瓜雨傘狂舞的鏡頭令人印象深刻，而臨時演員均為高雄市電影館志工支援，此片獲得柏林影展「最佳藝術貢獻」銀熊獎。

圖28　蓮池潭龍虎塔現況（左）、《天邊一朵雲》電影截圖（右）

2. 《痞子英雄》（2009年蔡岳勳導演拍攝）── 夢時代購物中心、捷運美麗島站與中央公園站、85摩天大樓、駁二藝術特區、世運主場館、真愛碼頭、新光碼頭、國立科學工藝博物館

痞子英雄原是一齣臺灣偶像劇，播出後佳評如潮，再拍成電影版《痞子英雄首部曲：全面開戰》，是高雄市政府文化局影視發展暨拍攝支援中心所協拍電影。劇情改編自1989年的拉法葉軍購弊案，劇中將高雄稱之為「海港城」，有80%場景都是在高雄拍攝，將高雄許多美景，透過影視傳遍全台，拍攝景點也成為影迷的朝聖地。

圖29　捷運美麗島站、駁二藝術特區臨海酒吧、中央公園捷運實景與《痞子英雄》電影截圖

六、廣播電視產業

廣播電視產業在高雄市的推動，主要為高雄市政府新聞局「新聞行政科」，負責高雄市大眾傳播事業包括錄影節目帶業、有線電視、平面出版、公用頻道之管理與輔導事項。另新聞局轄下設有「高雄廣播電臺」。

七、出版產業

出版產業在高雄市的推動牽涉到幾個不同單位：

其一，高雄市政府新聞局「綜合出版科」，負責刊物行銷事項，包括定期（含電子期刊）與不定期書刊、摺頁、市政叢書及市政簡介等文宣品之編印、發行等。

值得一提的是2015年原市政出版品《高雄畫刊》改名為《KH STYLE高雄款》嶄新登場，內容報導高雄的重大建設與政策、產業發展之外，以專欄介紹高雄觀光旅遊、藝文展演、農特產品、地方美食等。

其二，高雄市政府文化局「文化發展中心」，文創產業年報出版、文學獎補助計畫及專書出版規劃等。如推動「文化高雄」藝文活動月刊創新改版，目前配送通路達一千六百點，成為國內受歡迎的藝文刊物之一。

另由高雄市文化基金會發起「新圖書總館百萬藏書計畫」募得款項支付「臺灣雲端書庫」權利金。創新使用及付費方式，取代國內長期受出版業界詬病之買斷方式，使創作者及內容供應商願意將最新之出版品製作成電子書，上傳平臺提供民眾閱讀。促進國內電子書市場發展，推動創作者、內容供應商及平臺商優質發展環境，有助於文創產業永續經營。

八、廣告產業

廣告產業為高雄市政府經濟發展局「商業行政科」主管商業輔導及管理。

九、產品設計產業

產品設計產業為高雄市政府經濟發展局「商業行政科」主管商業輔導及管理。

十、視覺傳達設計產業

視覺傳達設計產業為高雄市政府經濟發展局「商業行政科」主管商業輔導及管理。

十一、設計品牌時尚產業

設計品牌時尚產業為高雄市政府經濟發展局「商業行政科」主管商業輔導及管理。

此外，雖無業務直接對應執掌，但高雄市政府文化局「駁二營運中心」，對設計產業之進駐扶植，亦有所關注。駁二藝術特區常舉辦設計有關之節慶，如「好漢玩字節」，漢字裡有千年文明演進的累積，包含藝術、科技、人文等等各個層面，2011年好漢玩字，回歸文學本體，在文字訊息的相互串接中，玩轉夯新意，再次打造讓人耳目一新的展出內容。2013好漢玩字，以字戀城市為名，用一種自信的態度，反身挖掘漢字與你我生活的稠密程度，感受瀰漫城市的戀字情愫。

此外，還有「高雄設計節」促進臺灣與國際設計應用交流；集展覽、講座、活動，為期兩個月的年度大型設計活動。另如前身為「南部青年創意設計科系聯展」的「青春設計節」，是一個屬於青年學子的育成展與創意競賽舞臺，讓青年創作有機會透過公開活動展示自我行銷與夢想發聲。

圖30　高雄設計節2013年以「創意城市」為主題

　　其中最值得關注的是，文化局辦理「文創設計人才回流駐市計畫」為發展文創產業，吸引具有合法稅籍登記之文創設計人才以個人工作室型態回流高雄。期透過文創設計者之駐市設點，創造文創實績，開拓兼具文化與經濟雙重價值之文創市場，以創造高雄市在創意經濟大環境中的競爭優勢，使高雄成為一座具魅力的文創城市。「高雄文創設計人才回流駐市計畫」另於第七章專章探討。

十二、建築設計產業

　　建築產業在高雄市的推動，主要為高雄市政府工務局「建築管理處」，主管建築執照核發、綠建築工程規劃設計施工、整體規劃等事項。近年著重在綠建築、「高雄厝」的方向推動。

十三、數位內容產業

　　數位內容產業在高雄市的推動，主要與高雄市政府經濟發展局有關，經發局委外經營「高雄數位內容創意中心」。從手機App、數位遊戲、影視娛樂到教育學習等，數位內容已是現代生活中不可或缺的一環，數位內容的開發、設計、製作，以及所帶動的相關製造業、周邊衍生性知識型服務業，不僅具高附加價值，亦是無污染的綠色產業。

　　除經發局外，高雄市政府各單位陸續吸引兔將創意影業、樂陞科技等知名企業及高盛大、盛牧開發、易利玩仔等新公司進駐，這些不論是國際大廠商或是充滿活力的新團隊，都將是奠基高雄數位內容產業的能量。

　　此外，在文化施政報告上，強調文化局運用新世代網路媒體之行銷優勢，著手網站開發及服務整合、經營二十餘個臉書粉絲團、寄發電子文宣及開發APP等策略。文化局官網每日平均訪客數已突破三萬人次，是國內最大的藝文服務入口網之一。另製播「藝文短片」，以製播藝文短片方式，深度報導藝文展演幕後的人，期使網路轉載發揮廣傳行銷功能，讓高雄藝文深入社會各領域。這些施政創新有助於文創環境之養成與傳播。

十四、創意生活產業

　　創意生活產業指從事以創意整合生活產業之核心知識，提供具有深度體驗及高質美感之行業，如飲食文化體驗、生活教育體驗、自然生態體驗、流行時尚體驗、特定文物體驗、工藝文化體驗等行業。因其範圍涵蓋廣泛，並與其他產業重疊，以致文化部《文化創意產業年報》無法有明確產值估算，其在高雄市的推動並無明顯對應單位，其中高雄市政府經濟發展局「商業行政科」主管商業輔導及管理，為對應機關，但牽涉到幾個不同單位，如觀光局、文化局等亦與其有關聯。

十五、流行音樂及文化內容產業

　　流行音樂及文化內容產業在高雄市的推動，主要與高雄市政府文化局「文創發展中心」有關，其主管流行音樂產業發展與扶植、流行音樂活動推廣與行銷等事項。

　　另如「表演藝術發展中心」舉辦「南面而歌——流行音樂原創歌曲、影音MV創作獎助徵選」、舉辦「大彩虹音樂節」、「大港開唱」、「體驗Live Music」，結合高雄市餐廳、PUB、咖啡館之流行音樂歌手與樂團駐唱，厚植流行音樂產業實力。

　　其中，最受注目的為「海洋文化及流行音樂中心」（Maritime Cultural & Popular Music Center）的興建，簡稱海音中心，基地位於高雄市11-15號碼頭，占地約11.89公頃，主體可提供容納一萬二千名觀眾的戶外表演場地、容納六千席室內大型表演場館，及容納二百至四百席不等的六間小型展演空間、流行音樂展示館、海洋文化展覽中心、渡輪碼頭、水公園、自行車道和文創市集，是全球罕見設在海港碼頭邊的流行音樂中心。結合周邊亞洲新灣區建設，如「港埠旅運中心」、「世貿會展中心」等，結合文創觀光產業。

圖31　IN OUR TIME位於駁二藝術特區以電台咖啡館為題致力音樂環境之打造

第三節　高雄市對文創觀光之著墨

　　前述提及了高雄市文化創意產業發展，接續探討其與觀光產業之推動：

一、觀光與文化

㈠觀光

　　觀光產業目前已是規模僅次於石油和金融、不容忽視的

世界第三大產業，產值高達六點五兆美金，而且相關從業人數更多達全球總人口的十二分之一。旅遊又如何對全球各國的經濟、生態環境以及文化交流或衝突，產生深遠影響。「旅遊和觀光」這看似無形、規模卻是最為龐大，和你我息息相關，卻也可能最具破壞性的行為和產業。（Becker, E., 2014）

　　何謂「觀光」？最具全球代表性的聯合國「世界觀光組織（World Tourism Organization，簡稱UNWTO）」，其宗旨是促進和發展旅遊事業，使之有利於經濟發展、國際間相互了解，以及和平與繁榮，總部設在西班牙馬德里，其將「觀光」定義為：

觀光是人們為了休閒、商務和其他目的，離開日常生活環境（usual environment）去某地旅行，且停留時間不超過一年而產生的活動。

　　上述為「世界觀光組織」對觀光之定義，我國為推動觀光發展，在《發展觀光條例》第二條，亦對觀光相關名詞定義如下：

「觀光產業」：指有關觀光資源之開發、建設與維護，觀光設施之興建、改善，為觀光旅客旅遊、食宿提供服務與便利及提供舉辦各類型國際會議、展覽相關之旅遊服務產業。
「觀光旅客」：指觀光旅遊活動之人。
「觀光地區」：指風景特定區外，經中央主管機關會商各目的事業主管機關同意後指定供觀光旅客遊覽之風景、名勝、古蹟、博物館、展覽場所及其他可供觀光之地區。

　　觀光是由各行各業所組成的產業，要描述觀光範疇時，一般可考量四個主要面向：

　　其一，「觀光客」：為觀光現象中最基本的要素，若沒有人類產生的慾望和需求，就不會引發一連串的觀光活動及其他事業體，因此觀光客可說是觀光的核心要素。

　　其二，「觀光企業」：根據觀光市場的需求及反應，觀光相關企業不僅提供產品和服務，同時也創造新的需求及滿足不同消費族，以賺取商業利益。

　　其三，「政府部門」：公部門扮演的角色從政策訂定及執行、建設地方基礎設施、對相關產業的管理與輔導，不只是觀光事業的推手，同時也具有制衡的力量，防止任何不當或有害觀光事業發展的行為發生。

　　其四，「當地接待社群」：居民是站在第一線直接或間接面對觀光客，其和觀光客間的互動關係、態度與反應，對政策的推廣或觀光發展都有重要影響。

　　觀光旅遊結構是一種牽涉多元的特殊產業，包含經濟、文化、美學多重層面，幾乎涉及社會絕大多數的領域。發展觀光應注意的事項，包括有餐飲、衛生、服務人員水準、觀光點營造（硬體、文藝、自然）、交通、文宣、景觀維護和保存、治安、物價、資訊、居民友善等。

　㈡ **文化觀光**

　　何謂「文化觀光（cultural tourism）」？因應文化是很難下定義之詞彙，聯合國「世界觀光組織（World Tourism Organization）」將「文化觀光」試圖闡述為：

　　　　文化觀光，本質上是指人們基於滿足某些文化之動機，實際從事受文化的激勵引導，而進行或研究，如何觀賞表演藝術、觀看節慶及祭典等嘉年華會、造訪某些

　　歷史遺產或紀念景點，或去旅行學習自然、觀賞自然地
景、參觀民俗藝術，以及朝聖等觀光活動的文化旅程。
（World Tourism Organization, 1985）

　　可知「文化觀光」為因一特定的文化動機，而從事觀光的行為，
滿足人類對多樣性的需求，並試圖藉由新知識、經驗與體驗中深化文
化素養。
　　2013年11月26日，聯合國世界旅遊組織（UNWTO）和聯合國教
科文組織（UNESCO）簽署了合作協議，將旅遊業與保護世界文化
遺產兩者鞏固合作。這兩個聯合國機構之緊密合作，確保一個可持續
的方法，作用旅遊業在保存、保護和促進文化資產。
　　一個國家的文化景點除了要以知識、創新的方式來呈現外，更需
要鼓勵文化上的差異化和獨特性。一般以為，文化觀光由以下四個要
件所組成：
　　其一，觀光：文化觀光是一種觀光的形式；其二，使用文化遺產
的資產：包含有形及無形的資產；其三，體驗及實質產品的消費：所
有的觀光都包含體驗和產品的消費；其四，觀光客：文化觀光一定要
考慮旅客欲深度學習、體驗、自我察覺的旅遊動機。
　　文化與觀光有密切的關係。想讓文化活絡起來，需要藉觀光活動
來吸引大眾參與；而一個地方的觀光，也需要文化來提升它的深度和
內涵。旅遊包含經濟、文化、美學多重層面，文化觀光涵蓋了諸如博
物館觀光（Museum Tourism）、歷史觀光（Historical Tourism）、
族群觀光（Ethnic Tourism）、藝術觀光（Arts Tourism）等。隨著
臺灣政治經濟環境轉型，更多的人注重生活品質的提升，連休閒也追
求兼具文化知識性，文化休閒理念，加上1990年代起臺灣週休二日
政策的實施，造就「文化觀光」開始興起。可以說，「文化觀光」正
是跨世紀以來顯學之一，成為臺灣產官學界，眾所關注的觀光焦點之
一。

　　本研究觀察，在當下臺灣面臨全球在地化、文化資源分享與平衡等文化思潮之影響下，加上臺灣社會現階段許多重大變遷，如：經濟上遭受全球性景氣衝擊，世界貿易組織，與簽署兩岸相關經貿服貿協議之爭議，政治上實質政黨政治運作，震災、風災、水災、疫災之肆虐，尤其在環境生態日趨破壞的情況下，暢言「文化觀光」的永續性，此一趨勢在此變動時機顯得深具意義。例如文化觀光包括了「以社區爲基礎的旅遊（Community-based Tourism）」，更結合臺灣社區營造風潮，不只以觀光的角度來切入社區、加入以社區學習的方式來引導居民，以教育來整合、尋找地方文化特色，不但可讓在地人重新珍惜自己當地的文化，更可成爲吸引外地人的文化景點，帶動臺灣城鄉文化觀光。

　　然而，文化觀光有其正面與負面影響：正面影響包括如：文化遺產或博物館展示有助於觀光客深入了解、帶來發展當地經濟機會、觀光收入有助當地設施改善、傳統文化振興、認識文化多樣性與培養寬容心、藉由資源實現永續性；而負面影響諸如：被觀光客過度使用、造成觀光依賴、觀光客行爲不佳、未經規劃的觀光基礎設施建設、有限受益者、對文化資產保存危害、文化資產破壞等。其負面效應主要是文化破壞，使原有文化因觀光產生質變，是當下臺灣發展文化觀光需特別關注的議題。

　　而發展文化觀光之關鍵議題正在於，文化管理（涵蓋如博物館、文化資產、藝術、族群宗教等文化面向）與觀光管理的結合。文化觀光部門所面臨的挑戰，是需要在觀光管理與文化管理之間找到平衡，也就是在觀光客對其外在價值的消費，和文化管理者對其內在價值的保護之間找到平衡點。

　　文化觀光涵蓋了各式各樣的文化旅行，學習異文化的想法和生活。一個國家的文化景點除了要以知識、創新的方式來呈現外，更需要鼓勵文化上的差異化和獨特性。此與前卷探討之「文化多樣性」有關，是故，本研究主張，促進「文化多樣性」應爲發展文創觀光之核心價值之一。

㈢ 中央政府觀光推動

1960年9月，由於臺灣觀光事業漸具規模，行政院核准於交通部設置觀光事業小組，1966年10月改組爲觀光事業委員會。1971年6月24日，交通部觀光事業委員會與臺灣省觀光事業管理局合併，改組爲「交通部觀光事業局」。

1972年12月29日，《交通部觀光局組織條例》公布，交通部觀光事業局依該條例於1973年3月1日更名爲「交通部觀光局」。1999年7月，因應省虛級化政策，將臺灣省政府交通處旅遊事業管理局（1985年成立，位於台中市霧峰區）併入觀光局。

值得關注的是，前卷討論比較各國文創範疇時，曾提及臺灣於2008年曾明確有成立「文化觀光部」的規劃[4]，文化與觀光合併，尤

---

[4]　根據相關報導，文建會舉辦對媒體開放的產官學界座談會，當時臺灣觀光協會會長張學勞對此整併方案提出不同想法，其認為：「文化人與觀光人的思維大不同，搞文化的人都是一時之傑，但他們為避免觀光使文化商業化的思維，會讓觀光窒息；觀光不商業化一定活不下去，這是必要而理性的思維。」且「觀光與文化異業結合，希望能創造繁榮，但實際運作起來，觀光諸多細節非文化所能解決，反而與交通部門有依存關係，現實中，有交通建設才有觀光發展。」此外，對提倡臺灣文化觀光不遺餘力的嚴長壽，亦於2008年9月25日《中國時報》發表〈要整併的文化觀光〉，提出是「文化立國？觀光立國？還是疊床架屋立國？」文中提及：以目前研議中的「文化觀光部」草案版本而言，是以文建會為主、觀光事務為從屬的整併方案。草案內僅設置觀光次長一人。在「文觀部」的內部組織，設置八個與文化事務有關的處，與觀光相關者，僅一個唯一的觀光署。這樣的整併方案，將使觀光行政業務突然出現一群有文化素養但不了解觀光實務的上司或同僚，而未來的文觀部長是否能有能力與有效率地支持觀光行政管理的專業，不但考驗著文化首長的調適力，也考驗馬總統對觀光產業的支票能否兌現。因此，在行政部門急於兌現馬總統的競選承諾，規劃整併文建會與觀光局時，並未將「行政管理」與「政策行銷」釐清；「文化觀光部」的設計，僅僅著眼在文化創意與觀光相互協助行銷的面向上，完全忽略了在行政管理的本職上，文化與觀光兩者南轅北轍的不相容性質，說不定在未經深思熟慮之前，暫時維持現況，先加強各部會之資源整合，反而是有利於立即有效拚觀光的正途。其提出對於文化、觀光公部門統合的看法，得到許多迴響，相關輿論致使文化及觀光部規劃另議。

其在「文化創意產業」風潮下，將觀光結合文化創意，是行銷臺灣的方法之一。理念聽來可行，但行政上出現許多衝突，相關輿論致使文化及觀光部規劃另議，而後「文化部」單獨成立，而交通部則改組為「交通及建設部」，觀光局更名為「交通及建設部觀光署」。省思此一事件，即或在中央主管部門上，文化觀光部並未成立，但發展「文化觀光」是臺灣觀光業轉型提升關鍵之一，已成為大環境共識。

　　觀光政策最為指標性推動，係2002年交通部為配合行政院「挑戰2008：國家發展重點計畫」，研擬出「觀光客倍增計畫」，具體針對國內觀光旅遊環境做出明確規劃，如：整合現有路線並推出套裝旅遊路線，藉此改善國內旅遊環境、加強改善基礎服務設施，提升旅遊品質水準，並營造友善的旅遊空間，以期提升我國在國際旅遊市場的知名度。

　　2009年，則以「美麗臺灣」、「特色臺灣」、「友善臺灣」、「品質臺灣」和「行銷臺灣」為主軸，推動「2009年臺灣旅遊年」和「觀光拔尖計畫」，除了持續營造友善旅遊環境，開發多元的旅遊產品，提升國內觀光市場並吸引國際旅客來台外，亦以「多元開放、布局全球」之姿打造臺灣為亞洲的旅遊目的地。

　　2010至2012年，觀光政策定為推動「觀光拔尖領航方案（98-101年）」，朝「發展國際觀光、提升國內旅遊品質、增加外匯收入」之目標邁進，讓世界看見臺灣觀光新魅力，觀光局也於2011年正式啟用臺灣觀光新品牌「Taiwan- The Heart of Asia」。2012年，觀光局積極推動「旅行臺灣・就是現在」，並在「多元行銷・布局全球」策略及靈活觀光行銷手法下全年觀光外匯收入達117.69億美元（約新臺幣三千四百八十五億元），成長6.36%，創下歷史新高，可見近年國際觀光，特別是大陸旅客來台持續成長，觀光周邊產業蓬勃發展，然因利弊得失皆有，未來臺灣觀光發展，正重新思考在國際旅遊市場的定位，產官學界期能導引至較為深度永續的觀光產業。

　　如交通部觀光局2014年觀光政策有言，以持續推動「觀光拔尖

領航方案」、「重要觀光景點建設中程計畫」及「經濟動能推升方案」之「優化觀光提升質量」，並深化「Time for Taiwan旅行臺灣就是現在」的行銷主軸，在「創新」及「永續」的施政理念下，質量並進推展觀光。致力將旅客前來體驗臺灣獨特的風土民情、美食特產等人文特色及自然景觀，形塑臺灣為亞太重要旅遊目的地，作為施政重心（行政院交通部觀光局，2014）。

　　而2016年觀光政策則以推動「觀光大國行動方案」、「重要觀光景點建設中程計畫」，深化「Time for Taiwan旅行臺灣‧就是現在」的行銷主軸，以「優質、特色、智慧、永續」為執行策略，逐步打造臺灣成為質量優化、創意加值，處處皆可觀光的觀光大國。其施政重點在於：

　　　　推動「觀光大國行動方案（104-107年）」，積極促進觀光產業及人才優化、整合及行銷特色產品、引導智慧觀光推廣應用，鼓勵綠色及關懷旅遊，全方位提升臺灣觀光價值，提振國際觀光競爭力。執行「重要觀光景點建設中程計畫（105-108年）」，確立國家風景區發展方向及聚焦各地特色，集中資源，提升「核心景點」的旅遊服務品質臻於國際水準，並拓展周邊「副核心景點」，以引導遊客分流，帶動地方發展。開拓高潛力客源市場，開展大陸、穆斯林、東南亞五國新富階級及亞洲地區歐美白領高消費端族群等新興客源，加強推廣國際郵輪市場、會展及獎勵旅遊潛力市場；並深化臺灣觀光品牌形象，搭建觀光行銷平臺，發揚以臺灣多元資源與風貌為底蘊的觀光特色，將具國際觀光賣點與潛力的產品推向國際。（行政院交通部觀光局，2016）

　　政策中提及創新與永續、獨特的風土民情等人文特色，發揚以臺灣多元資源與風貌爲底蘊的觀光特色，將臺灣多元文化觀光列爲推動標的之一。

　　對照國際上，世界觀光組織將每年的9月27日定爲「世界觀光日（World Tourism Day）」。期能不斷向全世界普及觀光旅遊理念，形成良好的旅遊發展環境，促進世界觀光業的不斷發展，每年都推出一個「世界觀光日」的主題（World Tourism Organization, 2014）。

　　從有主題的第一年1980年之年度主題「觀光業的貢獻：文化遺產的保護與不同文化之間的相互理解」，即爲文化觀光主題。而後，1985年「年輕的觀光業：爲了和平與友誼的文化和歷史遺產」、1999年「觀光：爲新千年保護世界遺產」，以及2011年「觀光與文化聯結」皆以文化觀光相關議題爲年度世界觀光日主題，可見其重要性。

二、高雄市政府觀光局組織與政策

　　除前述文化局文創施政與中央政府觀光推動之外，探討高雄市文創觀光，亦須檢視高雄市政府觀光主管單位「高雄市政府觀光局」之組織政策。經文獻了解，高雄市政府觀光局主管高雄市觀光相關業務，含行銷推廣、產業輔導管理、活動推展、風景區景觀改善與維護管理。縣市合併後內置觀光行銷科、觀光產業科、觀光發展科、觀光工程科、維護管理科（下轄蓮池潭、金獅湖、壽山、旗津海岸公園四座風景管理站）、動物園管理中心等單位，業務單位製表如下：

表7　高雄市政府觀光局組織編制表

科室別	業務職掌
觀光行銷科	國內外觀光行銷、旅遊行程規劃與提供旅遊諮詢服務等相關事項。
觀光產業科	輔導管理觀光產業與觀光資源開發等相關事項。

科室別	業務職掌
觀光發展科	規劃與發展觀光政策、觀光及節慶活動籌辦推展等相關事項。
觀光工程科	風景區與觀光設施整體規劃、供需預測、新建與整建、工程規劃、設計、施工等事項。
維護管理科	風景區經營管理、環境綠美化、景觀維護等事項。
動物園管理中心	辦理動物之飼養及保護管理、動物疾病及人畜共通傳染病之預防、治療與檢疫（驗）、動物行為研究、動物交換及進出口、生態（動物）保育之教育推廣及舉辦活動等事項。

（資料來源：高雄市政府觀光局）

　　根據高雄市政府觀光局官方資料，提及高雄市同時擁有山、海、河、港，本身即具備了極豐富的人文與自然資源等足以發展觀光產業的要件，將以「建構完善觀光環境」、「提升優質旅遊品質」及「創造觀光利基產值」為任務指標，積極推動執行「區域觀光資源整合及行銷」、「爭取亞洲城市對飛」及「推動國際郵輪觀光」等政策內容，以打造高雄成為優質友善的國際觀光城市、領航南臺灣區域行銷為願景。《觀光白皮書》提到願景、任務與價值：

　　㈠願景：開拓大高雄城鄉觀光、領航南臺灣區域行銷。藉由觀光旅遊提升高雄的能見度，推廣的不僅是本地特色，更結合文化創意[5]，帶動整體觀光事業發展，讓高雄的文化與歷史，成為獨特的城市魅力，同時透過城市的轉變，讓特有的城市氛圍，成為吸引世界各地民眾到訪高雄觀光的原因。

　　㈡任務：⑴建構完善觀光環境、提升優質旅遊品質、創

5　如高雄市觀光局建立「文創高雄」網頁http://khh.travel/tw/index.asp?au_id=10&sub_id=478

造利基觀光產值。⑵針對各類型目標市場的需求，整合
大高雄地區自然和人文資源特色和分布，規劃各具主題
性的觀光遊程。⑶結合綠色觀光及動保教育概念，推動
所轄動物園成為南臺灣獨具特色的教育場所。

㈢價值：⑴可吸引更多國內外觀光客來高雄旅遊，增加
高雄觀光產業效益。⑵以建構精緻優質友善的旅遊環境
及永續經營為概念，打造高雄成為國際級的觀光城市。
⑶期藉由便捷的交通網絡整合串連觀光資源，同時加強
行銷推廣，以多樣化的區域特色旅遊以及高品質的旅遊
服務，達成大高雄發展永續觀光之目標。（高雄市政府
觀光局，2016）

　　整合大高雄地區人文資源特色，讓高雄的文化與歷史，成為獨特
的城市魅力，舉例而言，觀光局為打造在地特色旅宿業，2016年舉
辦首屆「高雄市大專院校旅館或民宿創意房型比賽[6]」，施政強調文
創在地特色，可見「文創觀光」亦為觀光局政策重點之一。

三、官方刊物《高雄畫刊》逐漸重視文創觀光

　　有關高雄市政府官方跨局處對文創觀光的著墨，本節舉《高雄畫
刊》來探討市政府所期望的城市形象轉變。該出版物為高雄最經典的
市政出版品，發行期間橫跨九位市長，十八位發行人，更歷經1994

---

[6] 根據多家媒體報導，為輔導旅宿業者打造在地特色，進一步推動高雄觀光，高雄市政府觀光
局首度舉辦「高雄市大專院校旅館或民宿創意房型比賽」，經過激烈競爭，由實踐大學觀光
管理學系的「築夢旅行家」團隊獲得冠軍。高雄市觀光局指出，希望激發參賽團隊展現創意
巧思，發展具有在地特色、文創意念的旅館與民宿。第一名實踐大學觀光管理學系的合作旅
館位於大寮的永傑旅館，以「探索大寮～微型博物館」概念，用最具在地特色紅豆為主要發
想，應用觀光資源結合文創產業，展示大寮各式在地人文地景風貌（張啓芳，2016）。

年市長民選、1998年政黨輪替、2010年縣市合併等重大變遷,畫刊風格鮮明呈現高雄市不同時期的政治氛圍與城市形象[7]。其基本資料整理如下:

表8　《高雄畫刊》基本檔案

高雄畫刊哪一年創刊?	1979年10月改制為院轄市時創刊,至1980年出版第一卷第一期。
期數總計?	三百期。
主要經由哪裡發行?	由高雄市政府新聞局出版發行。
畫刊內容是什麼?	《高雄畫刊》記載了大高雄地區每一個地方的特色事蹟,食衣住行育樂皆有,包含:高雄市的成長歷程、城市的特色人物、市政建設重點、人文發展及生活資訊等內容。

(本研究整理)

圖32　原為高雄市政府所在地的高雄市立歷史博物館,於2014-2015年策辦　　　《高雄畫刊話高雄:看得見與看不見的城市》特展

---

[7]　研究者曾主持高雄市立歷史博物館委託辦理「高雄畫刊展覽策展研究案」,專案執行為許琇婷、蔡紫潔、吳含茵、何宇涵、彭琦茹、高翊恆,展期自2014年8月14日起至2015年7月5日。

　　本研究從第三百期《高雄畫刊》中，擇選出二十張代表性分析，可觀察出高雄城市的轉變如下：

表9　《高雄畫刊》封面故事舉例

卷／期數	畫刊影像	封面故事
1. 01-01封面		市長：王玉雲（院轄市時期） 1980年 《高雄畫刊》於1979年10月高雄市改制為院轄市時創刊，至1980年出版第一卷第一期。當時的高雄市政府所在地，即現今高雄市立歷史博物館（圖左側帝冠式建築即現今的高雄歷史博物館）。
2. 01-02封面		市長：王玉雲（院轄市時期） 1980年蔣經國總統蒞臨高市訪問 蔣總統勉勵高雄市的全體公務人員，團結奮鬥、溝通意見、集中力量、建設地方達成「公僕負責盡職國民安居樂業」的理想境界。
3. 02-03封面		市長：楊金欉（院轄市時期） 1981年 王玉雲市長與楊金欉市長交接典禮

卷／期數	畫刊影像	封面故事
4. 05-03封面		市長：許水德（院轄市時期） 高雄市一年一度端午節龍舟競渡盛會，今年連續第七年於風光明媚的蓮池潭舉行，再度吸引成千上萬市民一起湧向池畔，歡慶端陽佳節（當時重要節慶如新年、端午，因能吸引市民參與，常成為畫刊封面，亦為時代象徵）。
5. 05-07封面		市長：許水德（院轄市時期） 1984年的雙十節 高市各界慶祝1984年國慶大會 二萬餘民眾參加盛會參加遊行 （當時國慶遊行等活動，常出現於畫刊內容，可反映出當時年代）
6. 08-06封面		市長：蘇南成（院轄市時期） 愛河龍舟賽 睽違十五年的愛河之上，欣賞到真正的龍舟競技。蘇南成市長說，今年龍舟比賽能移至愛河舉行，歸功於工程人員高超的技術，同時，也為愛河的澄清展露曙光。

卷／期數	畫刊影像	封面故事
7. 09-02封面		市長：蘇南成（院轄市時期） 蔣故總統經國先生在1988年離開人世 追思哀悼感恩 （特殊國家大事亦常成為早期畫刊封面）
8. 12-02封面		市長：吳敦義（院轄市時期） 1991年李登輝總統巡視高雄建設 （總統巡視高雄市亦常成為此時期畫刊內容）
9. 13-07封面		市長：吳敦義（院轄市時期） 1992年 美輪美奐的新市大樓帶動高雄市邁向更繁榮 〔1992年（民國81年）1月18日，高雄市政府搬遷至四維路，並命名為「高雄市政府合署辦公大樓」〕

卷／期數	畫刊影像	封面故事
10. 22-06封面		市長：謝長廷（直轄市時期） 2001年 「我在城市光廊等你」 中山路和中華路之間的五福路，從前到了夜晚變顯得漆黑幽暗的路段，現在卻成了吸引眾人目光的焦點，充滿藝術氛圍。 （城市光廊的成功，公園無圍牆，引發各縣市競相仿效）
11. 23-03封面		市長：謝長廷（直轄市時期） 2002年 最難忘的人，可能不止一個 最享受的事，也可能不止一件 但高雄人最愛的河，肯定只有一條
12. 26-02封面		市長：（代理）行政院派任代理市長陳其邁 （直轄市時期） 2005年港灣城市新世紀 從一個小小漁港到今日國際級商港，經過多少時代變遷、經濟競爭，高雄港不斷地蛻變與壯大，正因勇於開創、勇於迎接挑戰，讓高雄港不論在全球供應鏈或全球服務網中，都扮演區域核心競爭的重要關鍵角色，更具有經濟地理上的競爭優勢。

卷／期數	畫刊影像	封面故事
13. 26-06封面		市長：（代理）行政院派任代理市長葉菊蘭 （直轄市時期） 2005年水岸花香、看見高雄美 不斷蛻變成長的高雄市，持續創造出令人驚豔的新風貌。包括市府積極推動城市美學及空間改造、愛河湖杬計畫、重新塑造海岸景觀、下水道工程建設、現代化綜合體育館等，都為城市進行每年擘畫，打造希望與願景。
14. 30-02封面		市長：陳菊（直轄市時期） 2009年世運在高雄 為了您我們不一樣 世運特刊！
15. 32-01封面		市長：陳菊（高雄縣市合併） 2011年 高雄合作夥同心拚未來 （縣市合併第一期）

卷／期數	畫刊影像	封面故事
16. 32-03封面		市長：陳菊（高雄縣市合併） 2011年 文創高雄城市品牌 看見高雄文創巧實力 核心價值－時尚高雄文化臺灣 城市實力－硬實力+軟實力=巧實力 高雄文創展新局成功打造城市品牌
17. 32-05封面		市長：陳菊（高雄縣市合併） 2011年 五月天開始擔任高雄城市行銷的代言人，將以其充滿熱力的音樂與吸引廣大歌迷的感染力，透過城市行銷文宣及影片拍攝，前進國外進行城市宣傳，要把最夯最好玩的高雄介紹給各地旅客。
18. 33-08封面		市長：陳菊（高雄縣市合併） 2012年 影視大高雄全面啓動 高雄積極打造影視之城，近年來就有多部音樂MV、電視劇、電影等影視作品，都選擇在高雄拍攝取景，從都會區的美術館、港灣、愛河，到旗山的巴洛克式建築、橋頭鄉村的景致、高雄風景和人文的美麗，頓時布滿在各個影視平臺上，以柔情的、創新的、雄偉的各種不同角度，被記錄下來，也被宣揚出去。

卷／期數	畫刊影像	封面故事
19. 34-14封面	高雄 Kaohsiung Pictorial No. 14 大高雄前進 全國第一條輕軌啟動	市長：陳菊（高雄縣市合併） 2013年 預計在2015年完工通車，水岸輕軌聯結亞洲新灣區四大亮點，為高雄下一波的發展點燃動能。
20. 34-18封面	高雄 Kaohsiung Pictorial No. 18 會展城市的崛起	市長：陳菊（高雄縣市合併） 2013年 會展城市的崛起 2013年秋天，臺灣港灣肯定是臺灣最大的亮點，不僅風靡世界的黃色小鴨在港口展出，亞太城市高峰會在高雄巨蛋登場，「高雄展覽館（高雄世界貿易展覽會議中心）」波浪般曲線屋頂也在南臺灣熠熠的陽光下閃閃發亮，這樣造型獨特的水岸建築，不但實現了亞洲新灣區的第一個夢想，也即將以會展產業的能量吸引全球目光。

（本研究整理）

　　從上表的分析可得知，《高雄畫刊》於1979年10月高雄市改制為院轄市時創刊，至1980年出版第一卷第一期。早期如總統訪視、國慶遊行、特殊國家大事，另如重要節慶如新年、端午，常成為畫刊封面，亦為時代象徵。

　　一直到民選市長後畫刊風格明顯轉型，更強調施政，如城市光廊

的施政、愛河的整治、大型活動賽事如世界運動會等常成為封面主題。

　　而2010年12月25日高雄縣市合併，文創觀光開始明顯成為主角，如文創設計品牌、影視產業、流行音樂產業五月天代言觀光路線，直至亞洲新灣區的施政宣傳，包含水岸輕軌、高雄展覽館等會展觀光，一再成為封面主題

　　除了封面以外，近年來文創與觀光內文篇幅亦大幅增加，舉例而言，縣市合併後第二期，有「客座主編」概念做主題性敘述，從第三期至第九期邀請八名客座主編客籍作家鍾鐵民老師（主題：族群）、文建會陳郁秀前主委（主題：文創）、郭中端建築師（主題：環境）、高雄餐旅大學容繼業校長（主題：觀光）、冠軍麵包吳寶春師傅（主題：飲食）、盧友義建築師（主題：建築）、《痞子英雄》蔡岳勳導演（主題：電影）、相信音樂陳勇志執行長（主題：音樂），各期皆有代表性主題，其中文創、觀光、飲食、建築、電影、音樂，皆與文創觀光為題。

　　其中第三期《高雄畫刊》，邀請到前文建會主委陳郁秀擔任客座主編，於〈看見高雄文創巧實力〉一文，提出文創產業的三種類型內容：

> 1. 文化空間：可以進行文化活動的空間，其定義非常多元，從故宮、兩廳院、縣市文化中心、文化館、學校藝文中心等，透過文化空間的設立，可以向上延伸至城鄉文化再造，到形成國家品牌。每個城市可以從在地的藝術文化、最新技術與新創意的運用，建立自己的城市品牌。
> 2. 文化服務：包含表演、生活、視覺藝術，還有促成這三種藝術的文化行政、管理及行銷。
> 3. 文化產品：包括食衣住行，看得見的產品、使用的東

西。（陳郁秀，2011）

同期另有〈城市視野——Sun、Sea、Smile 3S推動高雄觀光新世紀〉，文中提及觀光政策：

> 觀光是門好生意，觀光將成為新世代主導城市發展的核心，無煙囪的綠色產業，讓高雄搏獲再次城市升級的機會，卸下工業發展帶來的灰色。結合綠色產業與在地文化價值，帶來龐大收益的觀光產業，是近年來高雄極力發展的重要城市目標。隨著臺灣的文化、設計、創意、生活等特色逐漸在國際發光，愈來愈多的旅客前來臺灣遊覽。在這股臺灣城市旅遊潮中，高雄挾帶著縣市合併後的特色景點、自然環境、多元文化、待客之道、消費價值、美食等龐大優勢，自是當仁不讓，加強發展城市觀光產業，力爭客源。（高雄市政府觀光局，2011）

高雄市政府用陽光（Sun）、海洋（Sea）、微笑（Smile），此3S來推動高雄觀光新世紀，尤其在縣市合併後，高雄市政府觀光局積極結合市府相關局處，規劃大高雄三十八區的在地特色，整合推出「觀光亮點計畫」，發展出一區一特色：

> 高雄擁有便捷的交通、多元的特色景點、年度節慶文化活動及農漁特產。例如：城市光廊延伸到愛河，涵蓋城市夜景、藝文空間與活動、河港遊輪等內容；義大世界購物遊樂至周邊鄉村田園，甚至特殊地質環境的田寮月世界等。搭配每月在各區推出的不同節慶活動，像是美濃花季、高雄燈會、內門宋江陣、春天藝術節、設計

節、端午龍舟競技、夏日高雄、海洋博覽會、貨櫃藝術節、鋼雕藝術節、籮筐會、戲獅甲，及左營萬年季台式祭典嘉年華等繽紛多元的文化民俗活動；或是針對各區農漁特色產品辦理的大樹鳳荔文化觀光季、大社三寶文化觀光季、大崗山龍眼蜂蜜文化節、芭樂蜜棗文化節、烏魚文化節、石斑魚文化節、虱目魚節、甲仙芋筍節；或是充滿原民風味的小林平埔族夜祭、布農族射耳祭、鄒族貝神祭、魯凱族豐年祭；或是生態風情的紫蝶幽谷賞蝶季等。這些別處無法複製的高雄特色，將會是吸引遊客再三踏上高雄土地的強大吸引力。（高雄市政府觀光局，2011）

　　第五期《高雄畫刊》，以「與五月天相約在高雄：高雄自由行四大經典路線」為主題，係因應2011年7月起亞洲搖滾天團五月天開始擔任高雄城市全球代言人，介紹市府推薦的四條高雄經典必玩路線：⑴港都高雄逍遙遊：鹽埕埔→哈瑪星→西子灣→旗津；⑵眷村軍旅探祕遊：左營舊城→蓮池潭→明德新村→世運主場館；⑶祈福購物輕鬆遊：義大遊樂世界→義大購物廣場→佛光山；⑷農村民俗體驗

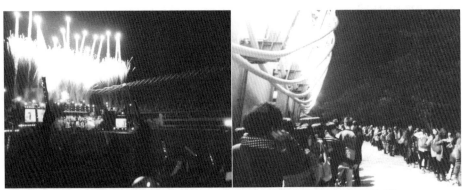

圖33　五月天為高雄市全球代言人，跨年夜於高雄世運主場館演出

遊：美濃→旗山→內門（涂毓婷，2011）。試圖以其充滿熱力的音樂與吸引廣大歌迷的感染力，透過城市行銷文宣及影片拍攝，前進國外進行城市宣傳，要把最夯、最好玩的高雄介紹給各地旅客。

　　此外，本研究觀察，大型會展亦有與文創觀光相關之推動，如《高雄畫刊》所強調之「2013亞太城市高峰會」、「高雄展覽館」，而在傳統商展外，值得關注的是文創型會展，在《高雄畫刊》第十九期「高雄創世代」篇中，〈黃色小鴨・歡樂奇蹟高雄製造〉亦有專文介紹：

> 黃色小鴨首站高雄，帶給高雄市民、臺灣人民滿滿的幸福喜悅，整個展期吸引超過三百九十萬人次參觀，免費接駁車次達五千趟，除創造十億元以上觀光產值外，並讓亞洲新灣區高度曝光，更提升高雄在國際上的能見度，展現高雄推動會展經濟的軟實力。（吳冠涵，2013）

圖34　《高雄畫刊》報導黃色小鴨盛況

圖35　黃色小鴨引起大型文創會展觀光效益，圖為實踐大學觀光管理學系參訪合影

　　第五期《高雄畫刊》，〈與我一同走入萌城市，大城小鎮混搭風〉文中，提到「萌」是作家眼中的高雄魅力：

　　在中國較早的記載，「萌」這個字來自於戰國時代的《禮記·月令》，「（季春之月）生氣方盛，陽氣發泄，句者畢出，萌者盡達。」主要描寫初春萬事萬物滋生勃發的盛況。「萌」字的寫法，為草（艸）字下頭有個「明」字，又代表著「草木初生之芽」，更意含新生命剛出生，擁有無限寬廣希望之意。時值今日，時光歲月跨越千年之後，「萌」字卻產生了新舊交融的全新意義。受到中國文化影響深遠的日本，其御宅族和動漫愛好者，用「萌」這個字形容個人極端愛好的事物，通常用來形容自己喜愛的可愛女生。比方日文裡所說的「萌的女生」，指的便是樣貌可愛清秀、討人歡喜的年輕女性，這個女孩還會散發讓人生氣勃發的生命力。如今，

「萌」這個字在新世紀的時代，擴充了它的新意涵。從可愛的女性，到泛指各種生命力勃發的事物，都可以用「萌」來形容，甚至對於一個充滿生命力的城市，我們稱呼它為「萌城市」。縣市合併後，大高雄納入周邊原本屬於高雄縣的純樸小鎮後，便擁有大城小鎮的多元特色，隨著小鎮各自擁有地貌、族群、文化、產業等豐沛能量的擴充，人們不但可以在最具海洋特色的城市，擁抱最萌最現代的各種創意，更能在最短的時間內，來到以大自然為萌力量起源的小鎮，享受不一樣的城鎮氛圍。於是，大高雄現今形塑的大城小鎮混搭風，包含著「現代VS自然」、「大城VS小鎮」、「前衛VS傳統」，這種原本看似最衝突、落差最大的元素，卻形成了最具魅力的地方。（郭漢辰，2011）

綜上所言，本研究將《高雄畫刊》三百期文獻梳理，認為《高雄畫刊》作為官方出版品，本身極為不同時代展現之政治語言，《高雄畫刊》明顯呈現高雄市數十年來演變的官方書寫痕跡，從中央領導式的中華國族的強調，歷經城市力圖現代化建設的鋪陳，一直到近年強調綠能、文創、觀光、會展的宜居城市訴求，甚或於2015年直接改名，新名稱為《KH STYLE高雄款》，《高雄畫刊》正式走入歷史。

在全球工業都會面臨轉型之際，在城市邁向後工業文明的同時，《高雄畫刊》呈現的官方城市歷史，刻意彰顯與略而不提的，皆能觀察出高雄市積極邁向轉型之蛛絲馬跡，提供城市轉型的官方史料。

綜上所言，本章探討各文創產業範疇在高雄市之對應，並聯結觀光產業。後面接續兩章舉「文創設計人才與文創園區空間政策」與「博物館展演設施產業政策」兩面向專論探討。

第七章

論文創設計人才與文
創園區空間政策

第一節　關於「文創設計人才回流駐市計畫」

從前卷探討創意城市文獻可知文創「人才」與「空間」對於創意城市之重要性，「創意城市」已為全球城市再起曙光，臺灣工業大城高雄近年也積極尋求轉型，而多樣的「設計產業」成為臺灣文化創意產業主要推動範疇之一，本章以Charles Landry與Richard Florida理論為基準，針對「高雄市文創設計人才回流駐市計畫」與文創園區「駁二藝術特區」專論分析。

一、「文創設計人才回流駐市計畫」（2010-2014）

「文創設計人才回流駐市計畫」計畫源起為發展文創產業，吸引具有合法稅籍登記之文創設計人才以個人工作室型態回流高雄。期透過文創設計者之駐市設點，創造文創實績，開拓兼具文化與經濟雙重價值之文創市場，以創造高雄市在創意經濟大環境中的競爭優勢，使高雄成為一座具魅力的文創城市。

其用意在於吸引文創設計人才，申請人戶籍不需要設在高雄，但計畫須以高雄為發展基地，且其設立的工作室或公司（營業稅籍登記）必須設籍登記在高雄。依據申請人所提駐市計畫構想，並須詳細提出營業狀況與文創產值實績、創新想法及專業資歷審核計畫。申請的人才類別與計畫範圍包括文創法所列的十五項文創產業，每人每月可獲獎助金新台幣2.2萬元，以一年為期，共可獲新台幣26.4萬元。

經田野訪查得知，這是一個以發展地方文創為主的人才補助計畫，但是眼光並非放在單項計畫案上，而是思考人作為媒介為地方帶來漣漪效應。雖以一年的計畫案會審核標的，但卻是補助個人的方式撥款（以個人領據請款），相當地減少了單據報銷帶來的繁瑣手續，加以戶籍地不拘的彈性，增加臺灣其他縣市甚至國際文創人才進駐的申請機會。這項補助計畫從2010年5月開始試辦，同年7月進行第一梯次遴選，至2014年結束計畫已經完成十八梯次的徵選，通過五十八位文創人才的補助。

　　經分析，在類型方面，有近三分之二的獲補助人選是屬於創作者，大部分落在「視覺藝術產業」範疇，多為圖像繪畫／插畫創作，其他的創作媒材亦有玩偶、羊毛氈、公仔模型等；而「創意生活產業」這個類別，也有不少具有創意性的計畫入選，例如飲食、茶藝、香氛文化的推廣與營造，其他也有服裝、出版、電影導演等等人才入選，雖然前面幾梯次入選者多集中於視覺藝術領域，但整體來說展現了一定的豐富性。計畫歷屆獲補助者製表如下：

表10　「文創設計人才回流駐市計畫」歷年獲補助者

梯次	獲補助人	駐市計畫
第一梯	林祐輔	花票的藝想世界
	廖純慶	驚奇的想像力在高雄
	王信智	文創城市自體繁殖
	洪添賢	高雄一城・視
	林俊芳	好漢玩字・設計城市
	傅弘誌	「濱海小八將」動畫電影原創與「小八將」高雄城市文化傳藝象徵角色
	劉月萍	夢想生活計畫
	劉邦隱	隱意創合高市創合計畫
	蔣涵玶	萬歲少女高雄漫遊ing
第二梯	林潔怡	織染高雄情
	蘇愛雲	高雄市代表性裝飾珠寶
第三梯	潔文	童心童鎮
	張嘉倫	大展覽時代・新舞臺開拓
	程偉豪	電影・港都・英雄本色——短片企畫
	謝錫元（馬里斯先生）	飛入城市夢境的馬里斯

梯次	獲補助人	駐市計畫
第四梯	方愛敏	獨特、無二、唯一革雄
	王惠玲	單車・不・知道
	劉旭恭	高雄繪本文創計畫
	劉彤渲	打狗11+1文創出版計畫
	李瑾倫	高雄繪本品牌工作室
	顏憶萍	高雄・香氣飛揚
	邱麗如	水印木刻版畫之文創計畫
第五梯	王立偉	打造一家以插畫為主的咖啡館
	陳南宏	土地的鹽——葉石濤文學音樂專輯與文學地圖
	陳文彬	紀錄片《無名》大高雄田野調查及拍攝駐點計畫
	張芳滿	佐布家的輕輕漫布
	馮建洲	人文茶器之高雄文創品牌計畫
第六梯	何文薰	孔己乙電影長片
	王斌鶴	城市共鳴：創夏品牌計畫
	許芝瑞	幽默生活一起畫畫
第七梯	陳致元	生活經驗・融入生活
	林藝軒	文化新移民
	顏蕙芬	「小蘑菇」文創品牌拓展計畫
第八梯	謝克駿	時尚織造高雄文創駐市計畫
	邱鈺喬	發現喬朵拉的祕密基地
	陳政傑	後世代的停留
	林家任	傘亮美濃、閃耀高雄文創計畫
	林靖傑	高雄在地電影故事發想計畫
第九梯	張鶴齡	手作球體關節人形推廣計畫
	王心穎	綠色高雄，有機棉文創品牌計畫

梯次	獲補助人	駐市計畫
第十梯	葉家瑜	愛吾特綠風格
	林怡芬	高雄散步畫帖
	黃亦青（馬樂）	版岩文創精品研發計畫
第十一梯	張書瑋	微電影：愛在高雄／城市行銷計畫
	邱南君	嗨～高熊城市繪本
	丁芯瑜	料理日常・食藝生活
第十二梯	沈岱樺	做一份《風土痣（誌）》
	洪菁珮	高雄手創商品研發通路暨行銷計畫
第十三梯	陳岡緯	後空翻插畫品牌
	陳虹伃	《記憶之濱》動畫短片製作計畫
第十四梯	楊定軒	萊趣高雄
	王薔	全面藝術運動——港都美人魚計畫
第十五梯	邱承漢	生活鹽埕、文創高雄——鹽埕晶點計畫
	孫佳暄	高雄・織旅人
第十六梯	張秀貞（水瓶鯨魚）	離家出走回高雄
第十七梯	洪旻宏 MACACA	紙玩高雄
	曾芷玲	有寮三合院——空間經營
第十八梯	葉雅庭	勇敢築夢——娥葛斯巧品屋

（本研究整理）

二、「大駁二藝術特區‧大義倉庫群」獎助計畫（2015年至今）

　　上述人才回流計畫結束後，接續提出進階版「大駁二藝術特區‧大義倉庫群」獎助計畫，扶植新興文創工作室或小店在駁二以短期進駐方式試營運，地點在大義倉庫群提供一間十坪空間（另有六坪二樓夾層）共十六坪營業空間，並且每月有3.5萬元津貼，及第一個月開辦費十萬元，駐市者須配合駁二藝術特區時間營業；而此計畫也呼應打造駁二藝術特區作為前衛創新與多元藝術特區，在「人才」的基石下，非一味地專注住宅開發與建設，而是須在「人才」聚集的據點營造創意氛圍的「空間」，並且此區是高度開放、多元兼融的，此為吸引人才之首要條件，故本研究從「人」的角度來探查駁二是否符合有吸引人才的「空間」氛圍。駁二藝術特區與文化創意產業之聯結，接續探討如下節。

第二節　文創園區空間「駁二藝術特區」探究

　　駁二藝術特區，係為高雄港第二接駁碼頭邊的舊倉庫群改造的文化創意園區，以實踐、創新為圭臬，近年得到諸多文創獎項肯定，因此本研究以駁二作為「文創空間」政策研究對象。

一、從「閒置空間再利用」到文創基地

　　依據《文建會試辦閒置空間再利用》實施要點將閒置空間定義為：「依法指定為古蹟、登錄為歷史建築或未經指定之舊有閒置之建物或空間，在結構安全無虞，仍具有可再利用以推展文化藝術價值者。」閒置空間並非單指廢棄的空間，也不一定為古蹟或歷史建築，而是政府在開發規劃計畫中，未安排妥當之空間，或者是因都市發展不均所形成之閒置空間。

閒置空間再利用可以是兼顧下列三種保存方法，包含史
實性與現代性兼顧、結構安全與經濟存活並重，以及建
物生命週期再循環—機能的持續。可知，閒置空間再利
用有其深切意義，而老空間文化再生包含在內。（傅朝
卿，2001）

閒置空間再利用是使城市挖掘其在地意義及風格之實踐
方式。並且閒置空間再利用是不斷被建構、實踐、詮
釋、集體性的參與過程，意義的挖掘、延伸和培養至關
重要（馮忠恬，2011）。

　　駁二是高雄市政府利用位在高雄港駁二碼頭邊的舊倉庫群，改造
而成的文化創意園區，強調以實驗、創新為理念來打造高雄國際藝術
平臺，在藝術家以及地方文化工作者的推動之下，結合了文建會閒置
空間再利用的資源，記錄著高雄城市生活發展史的脈絡，與創作新高
雄的藝術肌理，這是駁二再造的精神所在，更是活化經營的關鍵，使
其成為獨特的藝術開放空間。其發展目的為：創新與前衛精神的展演
藝術活動辦理、加強活絡藝術空間的社群參與、積極拓展社區性藝文
活動、建立國際性藝術交流，提升國際藝術視野、發展藝術觀光，及
建構高雄地區藝術資訊網絡。值得關注的是，發展文化藝術觀光，為
其發展主要目的之一。

二、重要沿革與經營方式轉變

　　根據高雄市政府文化局駁二營運中心「舊事倉庫」駁二區史館官
方資料，本研究將駁二藝術特區行政遞嬗整理如下：

年代	分期	營運記事
1920-	工業運轉期	1921年，供淺吃水船停泊的裏船溜（今第三船渠）完工。1930年間，岸壁裏船溜北岸（今駁二倉庫一帶岸邊基地）闢建為雜貨裝卸場，並鋪設鐵道兩條。高雄港有上屋四棟、倉庫九十一棟。倉庫方面，岸壁沿岸十六棟、岸壁裏船溜南岸二十九棟、岸壁裏船溜北岸十三棟、鐵道部埋立地（今第二船渠一帶，已拆除）三十三棟。 1946年間，高雄港既有倉棧（即上屋）與倉庫之接收，原則上，公營由高雄港務局接收，私營分別由台糖公司、招商局、臺灣航運等接收，其中又以台糖公司最多。 1950年，高雄港開始修築圍牆。 1962年5月，完成改建二號碼頭之棧二庫、棧二之一庫（今漁人碼頭倉庫），與三號碼頭香蕉棚同為當時臺灣香蕉堆儲的重要空間。 1967年，環狀臨港線鐵路全線通車，專運貨物。 1972年，政府為肅清港口走私活動，除制定「加強查緝走私方案」外，並要求高雄務局擴大圍牆的範圍，並減少港區出入口。 1973年4月，在第三船渠北側西端增建起水倉庫三座，今駁二倉庫P2、P3是僅存兩座，每座倉庫各裝配起重機二台，專供駁船卸駁浮筒繫船或外擋貨輪之貨物，以紓解船席不足之窘境。因拆除台通公司倉庫一再涉訟，至1974年3月才完工。 1988年12月9日，在內政部、國防部及交通部同意下，正式廢除「高雄港圍牆外建築物限制規定」，高雄港周邊空間解嚴。

年代	分期	營運記事
1988-2000	閒置潛力時期	1999年6月，海上皇宮公司投資八億元在十二號碼頭興建海上餐廳。高雄港首度出現消費服務業。 2000年10月，國慶煙火移師高雄，高雄市政府選定在成功路與新光路口的中油成功廠區，高空煙火將射向高雄港水域。是二次大戰結束後高雄港首次有民間活動，進而帶動高雄港舊港埠開放。
2001/05-2003/12	藝術家草創期	閒置空間再利用的政策導入。 組織駁二藝術發展協會，由劉富美任首任理事長，承接高雄市政府教育局中正文化中心「駁二藝術特區整建暨營運」委託案；2003年6月，許一男接任理事長。 2003年1月1日，高雄市政府文化局成立。
2004/01-2005/12	學界接棒營運期	樹德科大接手營運，自負盈虧，喊出「駁二開賣啦」口號
2006/01-2008/12	官方接手第一期	周遭交通建設起步，初部營運以策畫工藝美學展及當代徵件展為主。開始常是突破計有的兩棟倉庫規模： 2006年3月1日，嘟嘟火車停駛。 2007年3月31日，西臨港線自行車道啓用。 2008年9月14日，高雄捷運橘線通車。 2008年10月1日，台糖C1～C3倉庫初次租約。
2009/01-2010/12	官方接手第二期	重新定位展示方向，導入文創有價概念，成功建置大勇區為貼近市民的藝術場域： 2009年6月23日，駁二MSN小幫手上陣。 2009年8月30日，駁二臉書創立。 2010年11月5日，觀光鴨子船愛河線開航。 2010年3月25日，這牆音樂藝文展演空間有限公司THE WALL月光劇場委託營運。 2010年5月1日，承租華南銀行堀江街九號倉庫。

年代	分期	營運記事
		2010年9月1日，承租華南銀行堀江街七號倉庫。 2010年9月1日，承租光榮街一號（原自行車學校）。 2010年10月21日，Sony（scet集團）承租堀江街九號（華南銀行），租賃契約至2013年12月15日止。 2010年12月25日，高雄縣市合併，駁二營運中心成立。
2011/01- 2013/12	官方接手第三期	行政力迸發，全方位魔幻發展期： 2011年7月9日，哈瑪星文化公車開跑。 2011年11月1日，pasadena餐廳台糖C3倉庫。 2012年2月9日，承租台糖蓬萊倉庫（B6～B10共五棟）。 2012年6月1日，駁二紅毛港航線啓航。 2012年6月29日，承租台糖蓬萊B5倉庫。 2012年9月1日，代管台糖大義倉庫土地及房（C6、C7、C8、C9、C10共六棟）。 2012年9月29日，蓬萊倉庫正式營運。 2012年10月1日，承租彰化銀行瀨南街八號倉庫。 2012年12月1日，R&H（節奏股份有限公司）承租堀江街7號（華南銀行）。 2013年2月1日，本東倉庫國際開發有限公司承租自行車倉庫（73坪）。 2013年4月，馬沙里斯雪茄館承租蓬萊B10倉庫開設「我們的時代」。 2013年6月1日，初租大勇C4倉庫（原勞博館）。 2013年7月1日，承租台糖蓬萊B3、B4倉庫及周邊土地。 2013年12月13日，大義倉庫第一階段開放營運。
2014起至今	官方接手第四期	2014年1月1日，高雄市文化創意產業園區基金設立運作。 2014年9月1日，「大駁二藝術特區·大義倉庫群」獎助計畫進駐。 （駁二進入「大駁二時代」）

（原始資料：駁二區史館；本研究整理）

　　由上表進而分析，2000年高雄市政府發現高雄港邊這片舊倉庫群，歷經高雄本地藝術創作者奔走，2002年正式成立駁二。駁二發展中重要事件諸如：西元2000年10月，國慶煙火移師到高雄市，帶動高雄港舊港埠的開放。2003年，高雄市政府文化局成立開始推廣高雄文化創意產業，2008年10月，台糖C1～C3倉庫初次租約視為成功的第一步；2010年12月底，高雄縣市合併，駁二營運中心正式成立，此舉正表明了高雄市政府非常重視駁二特區的發展；2011年11月，委託第一家Pasadena餐廳承租台糖C3倉庫，使駁二開始有餐飲服務；2012年9月底，蓬萊倉庫正式營運；2013年12月，大義倉庫第一階段開放營運；2014年初，高雄市文化創意產業園區基金設立運作；2014年9月，「大駁二藝術特區‧大義倉庫群」獎助計畫進駐駁二，招募更多設計者進駐駁二，希望打造創意城市。

圖36　駁二區史館「舊事倉庫」展示駁二大事紀

　　若觀察其經營方式轉變，駁二一開始先由民間單位經營、再轉手學術單位，最後由高雄市政府文化局收回經營權，不同經營單位對駁二的定位不同，也做出了不同成效。

　　本研究將駁二2002年發展至今（2016），分為四個不同時期經營階段：

　　其一，民間單位（駁二藝術發展協會）經營時期，定位為南臺灣

當代藝術中心及社區的藝文交流舞臺，因此在空間運用上比較著重藝術的展演，較為小眾。

其二，委託樹德科技大學經營時期，由於有自負盈虧的壓力，除了以常民美學的文化創意產業為主要推廣重點外，更強調商業的部分，還強調創意工坊、小吃及藝術市集等部分的功能，增加營利空間的使用，但成效有限，結束委外經營。

其三，縣市合併前文化局經營，則將駁二倉庫作為當代藝術展示館、C5倉庫作為常民美學館，開始積極引入潮流文化，並擴展基地，對市民來說，駁二比起其他藝文機構而言更加貼近生活。再者，駁二的展覽不論是多元的展出方式，或是具互動性的創作方法，甚至是藝術家本身，相較之下都更加親近觀眾，因此駁二給人一種輕鬆隨性、自由的氛圍，逐漸開始成為高雄市代表性文創園區。

其四，2010年縣市合併後文化局向外發展，倉庫群從原先的大勇倉庫群，新增了蓬萊倉庫群、大義倉庫群，2014年起進入大駁二時代。駁二的「開放式」展演空間，使藝術創作得以更活潑的方式呈現，駁二的藝術氛圍從外部的空間配置就顯現出獨特性，角落裡處處保留了鹽埕區日本時期的舊時代風韻氣氛，作為城市中的公共藝術空

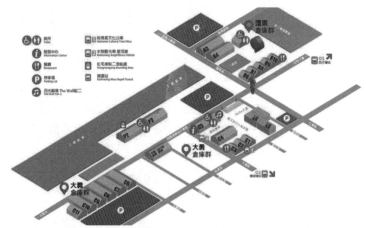

圖37　駁二藝術特區三大倉庫地圖（資料來源：駁二藝術特區官方網站）

間，例如駁二在發展初期的「大五金造街」，把舊時鹽埕五金街、繁榮的拆船業，與鹽埕居民的共同歷史記憶，以及現今的創意點子互相融合，打造新潮流。

三、駁二與文化創意產業十五項之聯結

　　前述已提及，依據臺灣《文化創意產業發展法》，主要有十五項產業：(1)視覺藝術產業、(2)音樂及表演藝術產業、(3)文化資產應用及展演設施產業、(4)工藝產業、(5)電影產業、(6)廣播電視產業、(7)出版產業、(8)廣告產業、(9)產品設計產業、(10)視覺傳達設計產業、(11)設計品牌時尚產業、(12)建築設計產業、(13)數位內容產業、(14)創意生活產業、(15)流行音樂及文化內容產業，本研究分析現今三大倉庫群與文化創意產業的聯結如下：

㈠ 大勇倉庫群

　　大勇倉庫群趨向於一個多元性的發展，以「文化資產應用及展演設施產業」為主的C1、C2、自行車倉庫等、「創意生活產業」的本東倉庫商店和有異國風味的帕莎娜蒂餐廳，或是以「流行音樂及文化內容產業」為主的原月光劇場。C4由「出版產業」文創品牌誠品書店進駐。C1、C2則以「電影產業」為主，開設In89駁二電影院。

圖38　誠品書店駁二店（左）與映98駁二電影院（右）

對照前卷「創意城市」文獻探討，Florida「新創意地理學」提到創意城市的蓬勃，不再是因爲地理位置和自然資源傳統因素，而是因爲多元整合的環境，讓各種創意可以有發展的可能性。

(二)蓬萊倉庫群

蓬萊屬於較多種文創產業聚集之地，如B9倉庫裡的「正港小劇場」主要從事戲劇、舞蹈之創作等相關業務，屬於「音樂及表演藝術產業」。涵蓋在蓬萊倉庫群裡的鐵道雕塑公園內，展示許多巨型的裝置藝術，這就像Landry所提出的，鼓勵大家發揮想像力的城市，遠遠超越了城市基礎工程典範，而是要營造一種「創意氛圍」。

(三)大義倉庫群

前卷「創意城市」文獻提及Pratt認爲「創意城市是專業的購物中心」，經探查可發現大義倉庫群眾多商店正是接近專業購物中心概念，如微熱山丘、典藏藝術餐廳等「創意生活產業」進駐，以及多座倉庫以藝術家文創商店的形式展出。此外，C10以LIVE WARE-HOUSE作爲獨立音樂空間，強化「流行音樂與內容產業」；而駁二當代館、駁二區史館「舊事倉庫」等，整區皆爲「文化資產應用及展演設施產業」。

大義倉庫所扮演的角色就是整個高雄政府爲了營造創意城市的一個產物，上節所探討之高雄文創設計人才駐市回流進階版「大駁二藝術特區‧大義倉庫群」獎助計畫，正是以大義倉庫群爲背景，鼓勵更多有才能的人來這裡開設自己的風格店面，企圖藉由此舉讓高雄成爲一個具有人才吸引力的城市，以達到創意城市的基礎要件。

圖39　駁二從兩棟倉庫現已擴大包含蓬萊（左）、大勇（中）、大義（右）
　　　倉庫群，共二十五棟倉庫

第三節　田調訪談分析

一、受訪對象與訪談大綱

　　根據研究主題探討人才與空間政策對於創意城市之相對影響，本
研究訪談十位受訪者，包括人才計畫與駁二藝術特區二位公部門主辦
方負責人、六位計畫受補助者和二位第三方知曉計畫卻未參與補助案
的文創工作者。從多方面的角度來探查，針對三方的立場與觀點分
析，藉此提高研究信度，並得出研究結果。

表11　受訪對象與訪問大綱表

公部門		
受訪者	研究相關	受訪時間
林○秀	高雄文創設計人才回流駐市計畫統籌負責人	2014/10/24
陳○萍	駁二藝術特區營運中心策展人暨研究員	2014/10/24
訪問大綱	㈠對創意城市之於高雄市的看法 ㈡創意城市與駁二的聯結與認知 ㈢駁二作為高雄邁進創意城市的基地，看法為何？ ㈣人才回流計畫的看法與意見 ㈤高雄市作為創意城市未來展望	

人才受補助者			
受訪者	人才回流計畫受補助者經歷	文創領域	受訪時間
謝○元 （馬里斯 先生）	人才回流計畫第3梯獲補助者 2010高雄設計節設計能大鳴（設計師講座）、（出任講師） 2012高雄駁二香草夢田展（策展單位） 2012臺北國際禮品暨文具展	視覺藝術產業 （繪畫）	2014/11/15
洪○宏 MACACA	人才回流計畫第十七梯獲補助者 2012 Rabbit Hotel回顧展高雄KI 厝背包民宿（2011高雄設計節） MIX BOY聯展 （2011高雄設計節） 玩創作聯展 （火腿設計師藝廊展出）	視覺藝術產業 （繪畫）	2014/12/01
邱○漢	人才回流計畫第十五梯獲補助者 參捌旅居負責人	建築設計產業 （空間）	2014/12/01
張○貞 （水瓶 鯨魚）	人才回流計畫第十六梯獲補助者 1999總統大選擔任扁帽一族公司創意總監 2000ICAF第六屆國際漫畫博覽會 （The Sixth Annual International Comic Arts Festival）特別來賓 2006三屆金曲獎評審 （2000-2007）	視覺藝術產業、出版產業 （繪畫、 寫作）	2014/12/06
林○怡	2013西班牙國際纖維時尚配件展獲獎 2013美國新墨西哥纖維藝術創作競賽獲獎 人才回流計畫第二梯獲補助者 大義倉庫計畫第二梯獲補助者	工藝產業 （手工藝品 創作）	2015/01/16

洪○珮	國藝會企劃公關 「日青創藝」的創立者 人才回流計畫第十二梯獲補助者	工藝產業 （手工藝品 創作）	2015/03/06
訪問大綱	㈠文創設計人才回流駐市計畫相關 ㈡創意城市與空間政策的關係 ㈢對高雄市若要成為創意城市的想法與建議		
第三方（未參與計畫的文化創意產業工作者）			
受訪者	經歷	文創領域	受訪時間
劉○甫	「細味臺中文化書寫團隊」發起人	出版產業（寫作）	2015/01/19
陳芸庭	「虎尾厝・SALON」 主題策展 品味沙龍《分享飄香生活》曼特寧單品咖啡作者	創意生活產業（文創餐飲業店長、國際咖啡杯測師）	2015/01/19
訪問大綱	㈠文創設計人才回流駐市計畫相關 ㈡創意城市與空間政策的關係 ㈢對高雄市若要成為創意城市的想法與建議		

圖40　文創人才田調訪談由研究者率專案執行李子欣、洪于媜、官潔茹、鄭怡嘉、胡家盈進行訪談記錄，圖為與公部門訪談（左）及與第三方訪談（右）

二、訪談內容探討分析

㈠對文創設計人才回流駐市計畫的認知與參加誘因

表12　對文創設計人才回流駐市計畫的認知與參加誘因訪談彙整表

受訪者	內容
公部門	
林○秀	2010年開始設計文創設計人才回流駐市計畫，吸引到外地去的高雄人才回來……其實我們對於計畫的結論是：我們要的東西是產值。
陳○萍	人才回流要的不僅是產值，而是創意人在高雄轉來轉去。……而我們就是希望他好我們也好，他們的創意表現變成駁二的風景，然後駁二的空間跟其他的展示或是推廣，也變成是一種平臺，讓他們互相認識。
受補助者	
謝○元	一方面是補助津貼，另一方面是想看看對自己有沒有什麼幫助。簡單講就是有補助，可是才一年而已。
洪○宏	最早這個是設計師協會跟文化局的合作計畫，對計畫的內容和細節也感到興趣。後來到李瑾倫老師那邊工作，因為從大學時期就想要有自己的創作品牌，剛好有這個機會可以累積自己的功力和經驗。
邱○漢	決定回來高雄是三年前，剛好有這個計畫，覺得有額外的補助是好的，對初步開始的人來說，雖然不多但是重要的。而某種程度上也具有象徵意義，畢竟它是文化局的一個補助案。
張○貞	聽到這計畫時，是臺北的工作夥伴，向我提起這個計畫。從小離家到臺北，決定搬回高雄，除了陪家人也想好好認識高雄，就也申請了這個計畫
林○怡	我覺得文化局這方案其實也做得很好，所以就想申請看看，而且剛好可以多少貼一點。藝術家其實很辛苦的就是他在這一塊，第一，經費其實很難申請，第二，我也不知道到底適不適合市場，所以我覺得這樣子可以讓我們第一梯次去試水溫，等於說我去做一個文化創意產品的開發或是推廣的時候，看這市場的接受度是如何。

洪○珮	那時剛回高雄，想要做跟文創有關並延續之前在臺北的工作，就是文化調查、研發還有跟藝文方面有關的專案。……想要延續自己原本工作的興趣、方向、狀態，但是又沒有想要去進單位（公部門或民間）……剛好有朋友提過這樣計畫，所以想說文創設計人才回流駐市計畫可以資助我每個月，就會覺得可以比較安心去做事情。
第三方	
劉○甫	因為身邊的朋友曾經申請過而知道這項計畫，但自己沒有申請過。

　　根據上述訪談內容，公部門主辦方希望人才回流至高雄後，形成創意氛圍，進而使高雄市轉型帶動經濟增加產值；受補助者方認為此項計畫幫助初進入文創產業發展的人才能有基本收入，同時也能夠試驗文創產品的市場接受度，並且藉由政府的扶植幫助受補助者第一步的發展；第三方則認為此項計畫對於文創工作者有良好的立意。可知三方對於「文創設計人才回流駐市計畫」都抱持良好支持的態度。

（二）文創設計人才回流駐市計畫之優點

表13　文創設計人才回流駐市計畫之優點訪談彙整表

受訪者	內容
公部門	
陳○萍	「文創設計人才回流駐市計畫」其實是想要讓這些人在高雄市活動，然後文化局也有做個網頁，我們還會有成果發表，那他們就是定期聚會，這個網頁同一梯或上下梯他們後來也會互相認識，有些時候有活動時，他們之間就可以一起滋長一些創意出來，彼此支援。
受補助者	
謝○元	幫助的話就是初期，有一些文宣會有你又有補助，不過後來還是要靠自己。
洪○宏	優點是透過文創設計人才回流駐市計畫可以歸納更多工作室未來的發展去向，透過計畫也認識更多的人，創作者之間也都會互相認識，自己有一些內容，也會跟一些好朋友相呼應，就可以得到一些資源做應用。

邱○漢	我是一個管理背景的人，不是直接內容的創造者，我覺得政府單位沒有拘泥於一定要相關產業的人才，讓我有機會參加，跳脫我對公家機關的想像，是不錯的。我覺得整體來說是好的，對於初期回來的人，不管是金錢上或是層面意義上都算是一種鼓勵。它（曝光度）給我的實質幫助是更大的，也因為這個計畫間接認識很多人。做了案子，不會光是案子本身就有辦法把人留下來，而是要在這裡做案子覺得創作不錯，人才才會留下來。
林○怡	我覺得還不錯，它是先讓我們在自己的工坊，奠定一個基礎，就是說像一個廣告、活動或是品牌，我覺得它是一個最基本的架構。我覺得它在做廣告上都會幫你宣傳，文化局網站裡有介紹一些工坊或是個人資歷，我覺得感覺還不錯，有幫助到推廣出去。
洪○珮	這個計畫可以資助我每個月會有補助，那就會覺得可以比較安心去做事情……文化局那邊會給一些機會，特別是文化局內部要辦活動的時候，他們通常有關文創的事情的時候，他們就會先主動聯絡我們，我覺得這就是一個機會，但其實曝光度就還好。
第三方	
劉○甫	有幫助，實質上就是錢，有經費去做想做的事。

　　由上述訪談可發現，補助主辦方希望得到的效益和實際產生的效益是有所出入的，主辦方希望受補助者可以藉由這個計畫平臺互相認識、相互影響進而激盪出不同的火花，但是在實際上受補助者認為最直接的幫助包括：基本補助金額、發現市場需求、增加曝光率，而亦有受訪者認為透過這項計畫可以認識更多創作者；第三方則認為實際上有金錢的補助，是能夠幫助文創者繼續創作的方法。

㈢ 文創設計人才回流駐市計畫可改善之處

表14 文創設計人才回流駐市計畫可改善處訪談彙整表

受訪者	內容
公部門	
林○秀	受補助者不認真核銷。比較現實面就是說：因為只有兩萬二，他必須去謀其他的生活，所以去做其他的案子。但是有些人會因為經濟和生活腳步不一因此解約，或是不按照時間核銷，大原則我們會尊重創作者，但是因為很多人無法準時，只好解約，金額少是問題，因為他們總是要謀生，這是很現實的問題。
陳○萍	不認真核銷。兩萬二是補助他的生活費、交通費和基本生活，因為設計人才主要的生活圈或是商業機會還是在臺北，要他真的住在高雄，兩萬二是無法過活的，有些人還有家人要照顧。他必須要接案，我們也無法把他們割裂。我們沒有提供據點，都是他們自己找，文化局就想或許有折衷方案，駁二有倉庫、有空間，變成提供據點給他們的進階版本（大義倉庫進駐計畫），如果有據點就跟原本兩萬二的生活費用是不同的。
受補助者	
謝○元	缺點就是只給你補助，然後只有一年，接下來就還是要靠自己，不然就是至少補助個兩年，才會比較有連續性，因為一年很快就過去了。
洪○宏	續航力不一定是金錢上的補助，可能是一年後已經有一定程度的成果，成果是可以繼續延續的，公部門可以提供平臺，讓計畫更有效地結合在一起。
邱○漢	我覺得很可惜的是文化局沒有讓我們彼此認識，文創產業回流，應該是集合不同領域、有志共同的人才，有了火花的激撞，才會產生更美妙的事物聯結和發生。回到高雄，這類案子極少，大家不認識我，不知道我會做什麼，即使有案子，通常透過臺北朋友介紹，能使用的人脈資源也稀薄，等於要重新認識一遍。我也很想用高雄的人才，只是不知道在哪裡，沒合作過，會很擔心。

林○怡	資金不夠，就像我們在執行上，雖然每個月有補助兩萬塊，但有些層面上還是需要一些經費，對我們來說如果有更多的經費可以申請或是補助，當然會更好。另外，可以再多一些配套措施，比如說，可以對文創產品的申請或是對什麼的一個申請等等的，我覺得再多元化一點會比較好，之前的就比較單一，每個月給你兩萬多塊，如果我今天補助你文化創意產品的開發或者是活動計畫案，補助不一樣會更好。
洪○珮	如果要用這個計畫去吸引人才回來的話，恐怕它的吸引力沒有很大，我不可能因為這個計畫回來，我一定還有別的原因，但它會是一個增強我回來的理由，但它不會是我主要的理由，而這項計畫也不是因移居高雄主要的動力這樣子，它只是鼓勵如果多了這個誘因的話你會不會較願意回來。
第三方	
劉○甫	如果今天有一項政府的補助計畫，目的只是為了讓人才留在高雄，那我覺得它可能想得太窄或本末倒置了。補助這件事到頭來必須問的是你的起心動念是什麼，為了什麼事情要提出這個補助，以及這個補助完後，要達成的最終目的是什麼。它有個大方向在，但往往現在的情況是大方向其實是不清楚的，不管是政府或提供補助的人不知道大方向在哪裡，只是短期地發現，有一個專案像聚落再利用，我希望專案能動起來，但也許哪天改朝換代，或幾年過去當下的需求不再了，這個專案就結束了，那之前的補助或專案的效益在哪裡，它的意義是什麼呢？回歸到補助與被補助的前提來講，要先釐清的是那個方向是什麼，方向確定之後，才能去談計畫性的補助，那樣的補助才會有延續性，否則以現在這種點狀式的補助，可能會變成每年都有經費，燒完就沒了，也許在短暫的時間它可以看到燦爛的煙火，製造一些話題，但如果沒有延續性，那等於是耗損。

從上述訪談內容發現，公部門與受補助者皆認為補助金額不足，且工作室據點須自行找尋非常不便，導致受補助者須另接商業案子來支助生活需之基礎，故部分受補助者便無法在時間內完成核銷而

解約，缺乏前卷Landry「創意氛圍」所提出的「具有健全的金融基礎，足以不受嚴格規範，而容許有實驗的空間」；而計畫的時間過於短暫且無使成果延續的效性，故計畫無法成為吸引人才之主因；再者也缺乏人才、產業相互交流之網絡平臺，導致尋找高雄合作人才之不便。

而針對受補助者須承擔工作室之租金銳減了補助費用問題，文化局接續提出的「大義倉庫進駐計畫」解決了此問題，且不同領域之人才聚集於大義倉庫也增進了相互交流的機會；第三方則認為政府需要從頭至尾地完整關注過程、成效與後續發展性，而非點狀式補助。

㈣ **對於進階版大義倉庫進駐計畫的看法認知與參加意願**

表15　對於進階版大義倉庫駐市計畫的看法認知與參加意願訪談彙整表

受訪者	內容
公部門	
陳○萍	文創產業化從這個大的源頭裡面去整理成四個方向，人才回流駐市計畫是其一，而這個計畫已經從第一個版本發展到進階版的（大義倉庫駐市計畫）。它的設定就是全部條件再設定，他也不排斥舊的，你也可以重新再調整添進去，目前有一個做織染的受補助者（林○怡）進駐。
受補助者	
謝○元	因為自己目前做得還滿順利的，所以就是把機會給後面的年輕人試一試，現在就先靠自己。
洪○宏	會考慮，因為補助金額比較高，不過有一定的時間限制，時間又太短沒有續航力，這半年就營造一點內容，抽離以後就重新再來或空了，很可惜。
邱○漢	狀態和設定的對象不同，它基本上要有實體銷售的東西，可是我不知道要賣什麼，而且我已經有參捌旅居這個空間了，目前不需要。覺得有大義是好的，它的確帶來一些店，也讓一些店營業時間變長，因為它會讓這個地區從早到晚都有活動在這邊發生。

張○貞	駁二推廣部門的人屢次邀請我進駐大義倉庫當成工作室，只是我不是傳統繪圖者需要大空間。我是畫插畫、漫畫的人和寫作者，一個書房就可以工作了。除非我有商品產出設計計畫，才可行。畢竟租個工作室，就需要有產能，即使有一點輔助費用，都是短期。……現在第二方案（大義倉庫進駐計畫）是它給你十萬塊裝修，有補助費用，可是它有個期效，好像不是一年，要看是要做什麼，要有營業業績，一萬太省了，它之前找我的時候是租，一坪是一萬塊，我拿一萬九，水電還沒付，還要自己裝潢，要鼓勵很有趣的事情，給藝術家都不應該收錢，有一些藝術家在那邊都不會賺錢，它（租金）太貴了，黃金時間只有下午到晚上，晚上就沒人，還不如待在市區，房租也比較便宜。
林○怡	因為我覺得在這邊可以有自己的店面很好，其實駁二已經有點成氣候，所以文創在這邊建點我覺得還不錯，早期就有想過要來這邊設點，只是但當時倉庫都還沒裝修好，我就想說如果有機會的話我會想進駐。那這一次這個案子我覺得自己有一個空間，自己可以規劃展場的感覺還不錯。
洪○珮	有想參加，但時間太短了，它不只是藝術家駐村那麼簡單，如果只是駐村那就會有自己的生活空間，那你可以自己跟這個地方有互動，但它是讓你開放空間，所以顯然你不能只是做創作而已，還要整理空間，這樣就會耗費人力、時間、金錢，然後又只有三個月。變成我的進駐一定要跟民眾互動或能夠開放，那我覺得多少就局限我可以回來創作或內容的東西。

由上述內容發現，公部門修正「據點」之問題，提供空間給與創作者自由發揮；而在受補助方普遍認為：

1. 計畫期間太短暫，成果可能剛完成沒多久便約滿到期。

2. 因計畫目的為「扶植新興文創工作室或小店在駁二以短期進駐方式試營運」之故，限制了創作者展示品與空間，必須有「實體銷售」、「產能」等，使得進駐者的文創領域有所局限；

3. 應針對不同的進駐者文創領域有相對的配套措施，包含行銷、廠

商等須更加周延，而受補助者大部分認同大義倉庫進駐計畫能帶動駁二整體與周邊的發展。

㈤ 文創設計人才回流駐市計畫對於受補助者留居高雄之影響

表16　文創設計人才回流駐市計畫對於受補助者留居高雄之影響訪談彙整表

受訪者	內容
受補助者	
謝○元	我本身就是高雄人，但現在有很多外縣市的創作者來高雄或台南住，因為他們覺得租金比較便宜，要發表作品的話就往北部，反正有高鐵很方便。
洪○宏	是驅使自己留在高雄的一個轉折點，但不是主要原因，覺得高雄對文創來說是友善的，有大大小小的計畫，對各種不同的人一定會有適合的狀況。
邱○漢	我就是要回來做這件事情，因為我是高雄人。 我覺得這案子很妙的地方，就是它不限定戶籍一定要在高雄，只要你想做跟高雄有關的就可以，也有很多人是因為這個案子才來到這邊，然後開始覺得高雄生活還不錯，於是慢慢地留下來，所以我覺得它沒有對身分去限定這件事情還不錯。
張○貞	我這幾年應該都會留在高雄，和這項政策無關，是私人原因。我家人都在高雄，我希望和他們多多相處。
林○怡	我本身是高雄人，如果這邊經營的狀況還不錯，進駐的廠商都OK的話，我覺得這邊整個文創園區是成氣候的，如果有機會的話我還是會留下來。
洪○珮	不太可能因為這項計畫回來，而是是說，我決定要回來了，它可以讓我一開始不用擔心（金錢），所以它只占了小部分的影響，申請這項計畫讓我一開始有個銜接，不太會因為說要做這件事情而回來。

第三方	
劉○甫	我們以結果論來看，它其實並不是真的因為計畫或補助把人留在高雄，而且我認為要把人留在高雄，不是單靠一個計畫或補助。
陳○庭	我講一下我會來高雄的原因，首先要有一個會誘發人思考的人或場域出現。對我來說就是現在的老闆，因為他有很多想法，需要有人去落實，落實會去帶動你很多的思考，會覺得我很會咖啡了，那我可不可以再會其他的。通常天使魔鬼就在這時候交戰，到底是你只要做咖啡就好，還是你想要學更多的東西，所以那個吸引力很重要，每個人看的吸引力不一樣。

　　由上述訪談可知，大部分受補助者皆非「人才回流駐市計畫」之因回流或進駐高雄，而是私人因素，此計畫僅是加強了回流的引力，占小部分影響。但受補助者普遍認為高雄擁有不錯的文創發展環境；第三方認為靠單一補助或計畫是無法成為吸引人才之主因，須有吸引人才的「點」或「人」，讓人才在此地有共鳴或是被認同感。

㈥ **如何吸引人才與打造創意氛圍空間**

表17　如何吸引人才與打造創意氛圍空間訪談彙整表

受訪者	內容
受補助者	
謝○元	人才在哪？人才超多的啊，只是他的作品被接受度高不高，如果他想要進駐駁二那種地方，又想要有補助，就是作品要夠吸引人才有辦法。像不喜歡（駁二）的，還是覺得那邊太商業化，很多藝術家是不會去的。
洪○宏	生活化，比如街頭藝人就有些爭議，因為國外有些地方是任何人都可以在街頭做藝術創作或表演，可能有這一方面的政策，就會有某一些的限制，在這方面不夠開放。

邱○漢	最大的部分就是整個城市的態度跟氛圍，跟你所說的多元族群可能就有點關係。大部分的創作者是自由作家，所以他會想他在這邊生活能不能比較簡單、輕鬆。然後就是「機會」，就是他們有沒有機會去接到案子，有沒有機會去看展覽、去接觸國際最新的東西，否則他們沒有辦法進步，再來就是這裡面有沒有很多跟他們同樣類型的人，讓他們覺得可以彼此交流。
張○貞	生活，創意空間必須融入生活。雖然某些文青不喜歡太商業的地方，他們喜歡獨奏的樂趣，我卻喜歡共鳴的美妙。當臺北華山變得鬧熱，就有人說太商業了；松菸變得充滿人潮，也有人說太商業了。我倒是還好。我喜歡藝文元素和商業結合在一起，產生有趣感、舒服感、時髦感，當人們會主動去，而非因為有個展覽或活動，這個地方就活了起來。政府單位管理的文創區必須分寸拿捏，不要為了文創而文創，除了展覽與活動就沒了；也不要為了遊客硬配合團客做課程；更也不要因為夯了，就租給大財團。
林○怡	就像現在這個空間（大義倉庫），十坪對我來說是剛好，如果再大一點的話我可能就會多做一個DIY的空間，藉由這個活動會比較能吸引人。讓人知道這間店在賣什麼東西，如果像現在開店這樣，走過的人會比較多，如果沒有活動來帶動的話，人家其實也不太敢進來。
洪○珮	私底下的聯繫吧，或者是有一個共同的計畫或合作，或純粹是私人的情誼交流的地方。像臺北會有一些東西是它在那個地方有個展覽，那展覽旁邊就會有一個酒吧或是像客廳的一個地方，那創作者去看完展後就會在那邊聊天，或者是說那天有個畫展開幕，那畫展就會有很多的畫廊、評論家、創作者就會一起去，那他們就會在那邊聊天，那你說在這場合駁二沒有嗎？駁二有啊！它也有畫廊開在那，所以當然也會發生這樣的情形和畫面出來，所以它也不必然切分說是創作者不會去聚集的地方，只是說它是一個依活動而發生的。

第三方	
劉○甫	我覺得要讓一個人留在一個地方,它的面向是很廣的,他會留下來的原因第一個是情感的聯結,第二個可能是創業或工作。留在這個地方的動機或吸引力,一定有個人和環境的考量。假如我是一個文字工作者,這個城市對文字工作者的市場需求和工作機會,以及政府的各項活動都很多的話,那我在這裡可以很快找到伸展的舞臺,跟找到工作,當然會很願意來這個地方。
陳○庭	應該說你想要什麼的空間,你可以打造那樣的空間嗎?我覺得它應該是所有集合式的,每個人會的條件所組合出來的空間,所以它不具備任何的形狀或樣貌,但它也可以是任何的形狀或樣貌,就是以人為主。怎樣的空間是人才想要聚集的?應該是一個組合性的,而不是單一面向的,如果單一面向,就要找到完全都是這個面向的人,也很棒,它就變成一個點,那這個點是無比的深入,我覺得也很棒。

　　上述訪談內容分析,受補助者多數認為創意空間基本要素是城市能滿足一切的生活需求、有工作機會,次之空間能融入一般大眾,便是「生活化」,有這樣的基石之後,城市的文化兼融、氛圍也非常重要,這是對創作者的一大認同與鼓勵;在空間的行銷與推廣中,受訪者認為文創與商業的結合是好的,能夠帶動經濟與多元化的作品,但中間點的平衡政府應當抓好,否則過於商業化只會讓創作者失去興趣,久而久之民眾也會覺得愈來愈無趣;而在第三方的觀點來看,市場需求和工作機會,以及能找到發揮的舞臺是吸引人才很重要的因素,「創意氛圍」是在人與人的基礎上,當有相同熱情與興趣的創作者聚集在一起,自然而然地就會吸引更多不同領域的人才。

㈦ **對於高雄文創空間的第一聯想與看法**

表18　對於高雄文創空間的第一聯想與看法訪談彙整表

受訪者	內容
公部門	
陳○萍	駁二它太複雜了，而且其實當時駁二沒想做創意城市，是後來的發展變成這樣，它其實想要做的是文化藝術觀光。
受補助者	
謝○元	駁二，像是本東倉庫商店就有知名度，來高雄的人會比較了解這些地方。
張○貞	駁二愈來愈豐富有趣，商圈跟藝文要合在一起才會發展。但是駁二人潮比較多的時間就只有下午到傍晚就沒有了，利用度太小了！沒有一個活絡起來的氛圍，跟挑店也有點關係，
洪○宏	文化局投入太多資源在駁二，太單一化，雖然最近有大東或新的圖書館總館，但駁二還是大家第一會想到的地方。現在駁二這個平臺已經慢慢趨向商業化，少了一些文創性的東西，大眾流沒有不好，可以吸引人潮，駁二要起來要不斷辦展覽，人潮聚集後，再來發展大義倉庫這塊已經是比較屬於開店區塊的倉庫群，把商業帶動進來要留住人，一個場看完後，大家會離開，那如果有一些商店或讓人家停留的地點，其實會讓地方活絡一點。
邱○漢	就是駁二。高雄一直有一個問題，高雄很多這樣的店或人，但是我們從來沒有一個群聚的效益。真的要說除了駁二之外，我會覺得是文化中心。文化中心一直以來就是滿良好的狀態，因為它的商業跟展演是最平衡的一個地方。我只能說我喜歡平日的駁二，六、日的駁二就會有點太觀光了，那如果回到文創園區本身來講，它一定要有文化和創意相關的活動是它的核心。

洪〇珮	駁二就是文化局砸錢砸人打造出來的創意園區，我能理解他們這麼做是要讓高雄先有一個據點，然後這個據點是一個示範性或領導性的地方亮點，所以變成現在駁二是觀光客必去的地方，在高雄整體文化氛圍都比較低的時候，一定要先有一個示範的空間出來，然後讓這有辦法聚集人潮，用文創去聚集人我覺得是好的，但我覺得完全都是在他們規劃之下，完全性的主導，當他們完全性的主導後，民間的活絡就比較不強，我覺得就很可惜……駁二發展比較像是遊憩，當然你要有一個東西是讓大家去，它現在有把一些小的演出放在駁二。所以也不一定都是觀光客，因為當我們需要去看表演或展覽的時候也會去，看完展後也會在附近逛，變成藝文欣賞跟創意生活像是那種採買的東西就會融合再一起，它就是一個園區，那你一定要這樣才能夠把人留下來，留久一點，不然想兩廳院那樣看完表演就走了，也沒辦法留住人，所以它必須要綁在一起。但創作人到不會在那邊聚集，這是真的，因為駁二也沒有什麼特別是讓創作人聚集的場合或者是空間，因為駁二是做藝文欣賞與藝文消費的地方。……我覺得（政府）可以把資源放在其他地方了，駁二已經差不多了，不是說駁二就不繼續做，而是說駁二現在已經是主要中心，應該有一些資源去投注在其他地方……駁二現在已經起來了，後續繼續把它更完整一點，可以開始把資源放在其他地方，不然會覺得滿不均衡的。
林〇怡	駁二！我覺得在大義進駐算是聚集文創的人才。那像在別的地方，要串連的話很難，所以我覺得個點當然是最好，文創產業藝術家在這邊聚集的話力量會比較大。有輕軌後便利性增加，可能就會有比較多人潮了，我覺得可以再多一點規劃，這樣人才比較容易串連而這邊會更熱鬧，但其他的廠商進駐跟我們的性質又不一樣，我們是有補助，他們沒有，所以如果有更多元化的補助，比方一次進駐十個藝術家，那我覺得這邊文創的感覺會比較重，但如果都是廠商進駐的話，賣東西的氣息和那個感覺就會比較商業化，走向就會有點偏，這邊若主打文創就以文創為主，廠商進駐當然是希望少。

第三方	
劉○甫	因為我是比較熟悉音樂展演空間，所以我想到的空間是馬沙里斯音樂酒館。
陳○庭	駁二這個地方開始興起，有那麼多東西可以被串起來，那麼多好玩的東西可以同時在一個地方。在這三到五年每個週末可以帶進大量的觀光客，我覺得這樣的風氣興盛之後，其他地方也可以去思考自己要的是什麼，它是一個階段性的。把大量的人帶進來，這個地方已經飽和了，那這些人就會開始散到各個地方去，就看其他地方有沒有能力去接下這些人，很好的地方依舊是很好，因為還是會吸引大量的人進來，我覺得這些東西是會輪轉的，不會只有固守在一個地方，除非其他地方都很糟糕都留不下來。所以其他人都會一直往那邊擠，當然駁二是市政府的案子，所以它只能一直不停地投注它，我覺得接下來政府要做的是其他地方的行銷。

　　從公部門訪談得知第一手資訊，駁二的出發點為文化藝術觀光，可後來卻成為高雄文創空間基地的第一印象；而受補助者方皆認為第一聯想地為駁二，彙整受訪者對駁二的建議如下：

　　其一，駁二因為當初設定目的是文化藝術觀光，自然而然在觀光客的湧入下變得具有「目的性」、「商業化」而不夠「生活化」。所謂「生活化」即為：使藝術融入事或物，並能在生活中被廣泛使用，不僅是專注美學亦能被實際運用，故能以一般生活大眾的需求來增設商家、餐廳、酒吧、便利超商等，讓日夜都有不同的活動、景致，提升民眾滯留的時間；

　　其二，駁二周圍應當納入規劃當中，並非單純只以「駁二藝術特區」來發展，也要注意周邊串連；

　　其三，應當要有屬於高雄自己具有文創性、文化性的產品；而第三方認為有商業行為是好的，只是當觀光客過於飽和，應該有相對的政策方式應對，當單點地區發展過剩後，應該思考下個地點，而非局限在一個地點，讓文創不只是單純的文創，將點與點串連起來，使高

雄活絡成為一個大區域性具文創風氣的城市。

㈧打造高雄成為創意城市之建議

表19 打造高雄成為創意城市之建議訪談彙整表

受訪者	內容
公部門	
陳○萍	這個文創設計人才回流駐市計畫有可能是創意城市的一個起步，可是如果你要說高雄市是一個創意城市的話我是覺得還有點遙遠的。……駁二藝術特區其實是走文化觀光不是在做創意城市。那文化觀光的話現在是親子或是說比較大眾化，它的觀眾群定位又開了起來。所以我覺得如果要把駁二當創意城市，它在創意城市裡或許不能不去談，但是可能也沒有辦法只做它。
受補助者	
謝○元	政府要怎麼做，我也不能說什麼，反正就去規劃，大家能接受就好。
洪○宏	政府的角色是要去創造平臺，創意工作者不一定要一直接受補助，應該要先有努力，有自己的人脈資源或創作，然後提供的平臺是要開放的。現在駁二這個平臺已經慢慢趨向商業化，少了一些文創性的東西。人潮聚集後，再來發展大義倉庫這塊已經是比較屬於開店區塊的倉庫群，把商業帶動進來要留住人，一個場看完後，大家會離開，那如果有一些商店或讓人家停留的地點，其實會讓地方活絡一點。
邱○漢	我覺得高雄跟柏林、巴塞隆納是不一樣的城市，所以它不需要去學別人變成那樣的城市，如果要變成大家認定中的文化創意這方向，我覺得回到最重要的還是人，就是說在高雄市住的人他們都在做哪些事。……高雄市有一個特色，就是所有的錢都砸到大型建設上面，那些比較看得到的東西。像臺北，我不會說它是一個設計之都，可是它的確有一個優勢，雖然它還是有它的問題，就是他們做了一個URS（Urban Regeneration Station，都市再生前進基地），相較來說它比較不會在一個東西砸大錢，除了世大運以外，可是它做了很多小建設，或把錢放到民間去，我覺得那樣子會比較有趣。

張○貞	人才整合、媒體創立、交通與配套措施。一個有趣的城市，都是因為人，什麼樣的人？這和產業有很大關係。不可否認，臺灣各創意人才都到臺北了，因為電視媒體、報紙、雜誌、廣播、流行產業都在臺北，機會最多，最容易被看見。大家互相激撞，火花更多，更有意思。……文創人才回流只是找回有經驗的中生代創作人才，我認為更重要的是也能留下新生代，這樣才能傳承與交流。因此，產官學的配套是非常重要的。
林○怡	凝聚文創。怎麼樣找一個點把文創都串連起來，我覺得它是需要去做一個串連的地方，不要太鬆散，因為聚集力量也比較大，大家也比較會有互動。
洪○珮	這幾年文化局做了很多可見的事情，比如說：春天藝術節、駁二、總圖，就是做一些又大又美的事，特別是春天藝術節我滿肯定的，讓高雄不會只是二線的藝文表演城市，有邀請一些國際上或很棒的表演直接來到高雄。然高雄真正的藝文觀眾培養他們做了多少？我覺得這件事情他們應該有在想吧，所以像春天藝術節都會有一些免費的演出，人潮就會回升，但是我覺得這件事情一方面也有點難，一方面也不是說一下子就能做得到，但觀眾培養這件事我覺得可以再努力。……跟民間之間的串連度與合作很重要，除了他們自己主導的政策以外，他們其實是有某一個部分的資源或者是某一部分的活動是可以跟民間做串連，或是讓民間去做，他們其實也可以留一點空間讓各個大家各自去做，其實對他們來說也是有利無害的事情，但他們就是不會去串連。
第三方	
劉○甫	成為創意城市的必要條件一方面是本來的脈絡裡面有什麼樣的元素，是可以成為亮點的，二方面是政府到底支不支持，政府說到底就是一個大怪獸，資源最多，就是一個霸權在那裡，很多政策都影響到很多的方向。 文創這件事，需要建立產業也是因為大環境使然，使這些單打獨鬥的小確幸們，也許不夠的，容易死掉的，通過合作的方式才能夠把產業建立起來，說到底會被人家記得的東西都是因為它有產業。

　　訪談彙整中可發現，受訪者一致認為高雄作為創意城市還尚有一段路可走，當前要改善的問題是「機會」，機會造就市場平臺，市場造就人才聚集，人才聚集使空間開始發展；而高雄市若要直接跳到人才聚集，因為機會與市場平臺較小，故要留住人才便要能夠提供大量機會使人才進入高雄市，人才一多，相互合作的機會也增加，想法與想法碰撞激出的火花能使文創更加有趣、獨特，讓創作者有「家」有「工作」，便能使他們將高雄作為家鄉居住，也使心中對高雄有獨特情懷，不易外流。

　　此外，除了找回外流的中生代人才，留住新生代也是很重要的，能激發更多元的創意靈感，為城市注入一股新鮮的活血。在建設方面能夠不以大型建設為主，而以小樣多點方式進行，在每個地區打造獨特的創意特區，讓廣大的高雄每一區都有鮮明的聚點讓創作者聚集，甚至是將某些計畫下放，由民間自己來執行會更加有效益。一個城市的發展，與它的產業息息相關，而產業也影響著居住在這個城市的人，什麼樣的市民造就什麼樣的城市。

　　綜上所言，本研究以為，高雄要發展成為創意城市，必須從歷史脈絡中，找尋其特色與亮點。近年來高雄市積極建設大型設施，期躋身為國際創意城市，從「文創設計人才回流駐市計畫」到「大義倉庫駐市計畫」，「駁二藝術倉庫群」從最初的兩棟倉庫擴充到現今（2016年）的二十五棟，可見其空間政策之開展；「人才」與「空間」是創意城市之重要元素，後工業與全球化時代，國際工業城市紛紛尋找轉型出路，以文化藝術工作者的活躍表現所形成之「創意氛圍」為基礎，輔以政府適當的政策計畫，與時俱進之趨勢與創意氛圍讓城市轉型並活絡。針對本章之研究與建議，將於最後一章第九章整合探討。

第八章

論博物館文化展演設施政策

　　前卷提及，2010年施行之《文化創意產業發展法》第三條：「本法所稱文化創意產業，指源自創意或文化積累，透過智慧財產之形成及運用，具有創造財富與就業機會之潛力，並促進全民美學素養，使國民生活環境提升之下列產業。」共計15＋1項，在產業推動範疇中，相較於如澳洲選列博物館、音樂廳、美術館、圖書館等作為文創類別，臺灣同類型版本為第三項產業「文化資產應用及展演設施產業」，其所規範之內容與範圍：「指從事文化資產利用、展演設施（如劇院、音樂廳、露天廣場、美術館、博物館、藝術館（村）、演藝廳等）經營管理之行業。」故依據該法之產業範疇，博物館可歸屬於文化創意產業中「文化資產應用及展演設施產業」，博物館為文創產業之一。

　　而依據中華民國《發展觀光條例》第二條提及，該條例所用名詞定義如下：「觀光地區：指風景特定區以外，經中央主管機關會商各目的事業主管機關同意後指定供觀光旅客遊覽之風景、名勝、古蹟、博物館、展覽場所及其他可供觀光之地區。」依據該條例之定義，博物館在觀光領域中，可列為「觀光地區」範疇，為文創觀光領域要角之一。

　　本章針對高雄市的博物館文化展演設施政策作為研究對象，探討高雄市究竟是何時才有攸關博物館之施政[1]？除實務田野外，並藉由文獻資料彙整考察，以及各館舍實地調查，探索高雄市博物館事業何時開始萌芽？現況如何？尤重歷年曾受文化部補助之高雄市地方文化館計畫輔導點彙整分析。

　　「博物館（museum）」一詞源自希臘文mouseion，原指希臘人供奉藝術繆思諸神（Muses）的殿堂。依據「中華民國博物館學會

---

[1]　研究者曾以〈從社會教育到社群治理：探討高雄市博物館暨地方文化館〉一文，投稿國立科學工藝博物館《科技博物》期刊，經審查刊登於第十八卷第三期（2014年9月），特別感謝匿名審查委員給予寶貴意見，本章內容以該文為主，再行增修調整，以符合全書脈絡。

（CAM）」[2]章程第一條指稱：「博物館，係基於國際博物館協會會章所訂之廣泛定義，凡爲服務社會及促進社會發展，從事蒐集、維護、研究、傳播、展覽與人類暨其生活環境有關之具體證物，且以研究、教育、提升文化爲目的而開放之非營利的法人機構皆屬之。」

　　章程提及全球最具指標性的「國際博物館協會（ICOM）」[3]，其因應博物館隨普世時代需求之不同，而不斷發展，對博物館的定義也從1946年至今，有過多次修改，視博物館包括：「永久設立的機構，以服務社會及其自身的發展，向公眾開放，這個機構蒐集、保存、研究、詮釋與展示人類的有形和無形文化遺產及環境，以致力於博物館教育、學習與娛樂等目標。」並提及博物館之定義，應不受任何主管機構、地方特徵、職能結構或有關機構收藏方針等性質的限制而予以適用。其指出：「其他機構其目的亦符合博物館的定義，這些機構包括：自然、考古或民族學的紀念物或遺址、歷史紀念或遺址；擁有展現物種的機構；科學中心與星象廳；由圖書館或檔案館永久性經營的非營利藝廊、保存機構或產示中心；自然保留區；其中管理或負責各種在本定義所列機構的國際、國家級或地區性的博物館組織；從事維護、研究、教育、訓練、記錄和其他與博物館與博物館學相關工作的機構；從事保存、永續維護和管理有形與無形文化遺產的文化中心與其他組織；其他從事與博物館或博物館學相關的部門。」（The International Council of Museums, 2010）

---

[2]　臺灣博物館專業社群，以1990年7月成立至今二十餘年「中華民國博物館學會（Chinese Association of Museums，簡稱CAM）」爲代表，該會以推展臺灣博物館學術研究、提高博物館服務品質，及增進博物館專業水準爲宗旨，伴隨臺灣博物館事業成長。

[3]　國際博物館協會（The International Council of Museums，簡稱ICOM）始自1946年，至今約六十五年以來，已發展成爲博物館界重要國際性非營利專業組織，它隸屬聯合國教科文組織（UNESCO），並執行UNESCO爲博物館規劃之目標，以致力國際間各博物館專業發展，提升協助專業人員間合作，成爲博物館從業人員之通　，並推動全球性文化資產維護工作爲宗旨。

　　博物館起源自西方社會，作為「舶來品」的博物館，在臺灣發展至今僅約略百餘年[4]。學界有以臺灣大環境博物館事業之進化發展，區分為「萌芽時期1908-1949年代」、「復原時期1950-1960年代」、「振興時期1970-1980年代」、「興旺時期1990年代至今」者（陳國寧，2004；黃光男，2007）；亦有以文化政治概念，彙整分為「國族主義時期1960-1970年代」、「現代主義時期1980年代」、「去中心化時期1990年代」者（陳其南，2006）；另有敘述文化政策與博物館發展簡史，而未做分期者（張譽騰，2007）。研究者前參酌學界各家論述，另提出以殖民主義、國族主義、現代主義、社區主義，作為20世紀臺灣博物館發展互有重疊之歷史分期（蘇明如，2010）。本章進而聚焦於高雄市博物館，爬梳其政策脈絡。

　　經本研究分析，臺灣博物館事業萌芽，可溯及日本殖民統治（1895-1945）時期，當時設立博物館及鄉土館，諸如臺南博物館、國立臺灣博物館、臺中博物館、嘉義博物館、基隆鄉土館、臺東鄉土館等，然而，此一時期，並無政策將館舍設於高雄地區。

　　1945年，二次戰後日本戰敗，結束其殖民統治，由國民政府接收臺灣，揚棄日本殖民文化，強調建立中國文化傳統。1946年，接管日本在臺灣設置的各博物館，並逐步恢復營運。1949年，國民政府因國共內戰，從中國大陸撤退，正式移治臺灣。此時期博物館注重中華文化在臺灣的傳承與發揚，國家型館舍多集中在首都臺北，如1956年開館的「國立歷史博物館」，為國民政府遷臺後設立的第一座公共博物館，以及1965年在臺北外雙溪復館的「國立故宮博物院」，兩者最具代表性。此一時期亦無政策於高雄市設立博物館。

---

[4]　臺灣日本殖民統治時期，成立於1908年的「臺灣總督府博物館（現為國立臺灣博物館）」，被視為臺灣歷史中「現存」最悠久的公立博物館，若以此為開端，臺灣博物館發展至今約略百餘年。

第一節　「社會教育」政策思維：博物館在高雄的萌芽

　　經文獻考察，高雄市籌設博物館之最早政策，可見於1977年行政院頒布第十二項文化建設政策[5]，每一縣市設立文化中心，內容包括圖書館、博物館及音樂廳，並由教育部主導，開始在北、中、南、東部地區，興建國家級大型的博物館與美術館。

　　政策影響所及，臺灣多數國家級博物館或公立大型美術館，皆於此時期開始籌備，而後陸續開館，開館時間經彙整，依序為1983年臺北市立美術館[6]、1986年國立自然科學博物館[7]、1988年臺灣省立美術館（現國立臺灣美術館[8]）、1994年高雄市立美術館（設於高雄市）、1997年國立科學工藝博物館（設於高雄市）、2000年國立海洋生物博物館[9]、2002年國立臺灣史前文化博物館[10]，以及2014年最

---

[5]　十二大建設指的是臺灣在第七期經建計畫期間除十大建設外，展開的十二項重大建設。兩者都是以基本建設為主，但十大建設較重視重化工業的發展，十二項建設則加入農業、文化、區域發展等方面計畫。建設期間涵蓋1980年至1985年。

[6]　位於臺北市中山區，是臺灣第一座現代美術館，在1980年代起就陸續舉辦了相當多的國際展覽，是臺灣藝術界主辦世界性藝術展覽的先驅。

[7]　位於臺中市北區，是十二項建設文化建設項下臺灣科學博物館計畫中第一座，館區由科學中心、太空劇場、生命科學廳、中國科學廳、地球環境廳與植物園共同組成，2004年納入臺中霧峰九二一地震教育園區。

[8]　位於臺中市西區，臺灣省立美術館原隸屬臺灣省政府，為中臺灣唯一大型公立美術館。1999年因精省而改隸行政院文化建設委員會，成為臺灣目前唯一國立美術館。後因九二一大地震封館整建並重整規劃，於2004年重新開館。

[9]　位於屏東縣車城鄉，是以海洋生物為主題的大型博物館。水族館部門採BOT方式，開創國立社教單位首宗委外經營、專業分工合作案例，館內分臺灣水域、珊瑚王國、世界水域三大區段，另有教學中心，水族實驗中心等。

[10]　位於臺東縣臺東市，館內分三大主題展示臺灣自然史、臺灣史前史與臺灣南島民族，另設有卑南文化公園來保存卑南考古遺址，建館宗旨為「啟發大眾對於臺灣之自然生態、史前文化及原住民文化之豐富和多樣性有更多的認識」。

後開館的國立海洋科技博物館[11]，促進臺灣博物館事業蓬勃興起。

圖41　臺北市立美術館、國立自然科學博物館、國立海洋生物博物館、國立
　　　臺灣史前文化博物館（由左上至右下），為臺灣博物館核心群

　　承上，依此政策，此時期高雄市之博物館相關施政，計有高雄市
中正文化中心、高雄縣文化中心、高雄市立美術館，與國立科學工藝
博物館，分述如下：

一、高雄市中正文化中心（1981年啓用）與高雄縣文化中心
　　（1984年啓用）

　　依據《續修高雄市志卷九文化志文獻篇名勝古蹟篇》所述：

11　國立海洋科技博物館以激發觀眾「親近海洋、認識海洋、善用海洋、善待海洋」為使命的博
　　物館，同時強調基隆與八斗子地區的文化與環境特色，結合周邊區域（碧砂觀光漁港、八斗
　　子漁港、漁村、濱海公園、海灣等）及相關單位（漁業署、水產試驗所、海洋大學、臺灣國
　　際造船股份有限公司基隆廠、基隆市政府、基隆區漁會等）等在地特色，形成一處以「海
　　洋」為主題的教育與休憩觀光廊帶。

中正文化中心原於民國六十三年春，已著手籌建，詎料翌年四月五日蔣公遽爾逝世，遂定名為「中正紀念館」。六十六年四月三十日動工，六十八年於工程進行中奉中央指示，為配合政府推動文化建設，再變更設計，增其規模，旋即定名為「中正文化中心」。歷時四年餘，於七十年三月十二日落成啟用。（蔣忠益、曾玉昆，1997）

　　以高雄市而言，包含博物館功能之文化設施，為1981年正式啟用的高雄市中正文化中心，內設有文化中心附設第一、第二文物館，成立後成為高雄地區文化藝術推廣的首要之地。

　　另以縣市合併之前之高雄縣而言，1978年7月成立高雄縣文化中心籌建委員會，1984年成立高雄縣立文化中心，並管轄鳳山國父紀念館（原縣立圖書館），1999年12月30日改制為高雄縣政府文化局。2010年12月25日縣市合併後，現為高雄市政府文化局岡山文化中心。

　　兩座文化中心在政策施行下，皆包含文物館、展覽館等類似於博物館性質之空間，然非屬於專業之博物館經營範圍，數十年來空間進行多次改善。

圖42　高雄市文化中心（左）與岡山文化中心（右）

二、高雄市立美術館（1994年開館）

回溯歷史，1984年《民眾日報》與高雄市政府合辦「高雄市設立美術館」座談會，引起多位市議員及藝術家熱烈呼應，1985年，市長許水德同意設立美術館至萬壽山遊樂區，勘查預定地，並於1986年度內先編列五百萬進行規劃研究，然壽山之預定館址，藝術界一致認為非理想地點，經爭取後，於蘇南成市長上任後採納眾議將館址移到內惟埤，但第一期預算遭市議會以市府財政困窘，美術館非當務之急的建設為由，於一讀刪除。

後由民間畫會負責人聯名發起「為美術館請命——我們的心聲」，以限時信函寄高雄市所有議員，後市議會教育小組重新開會討論，得以保留美術館一千萬規劃工程費，1986年市政會議通過，命名為「中正美術館」，然典藏經費一再遭市議會刪減，經諸多波折，美術館籌備處於1988年5月成立。

經數年規劃，後於1994年正式開館，位於高雄市鼓山區，為臺灣第三座成立之公立美術館，涵蓋四十一公頃內惟埤文化園區，成為高雄藝術指標殿堂。

三、國立科學工藝博物館（1997年開館）

而位於高雄市唯一「國立」層級之博物館，為國立科學工藝博物館，其籌備處於1986年成立，專責辦理籌建工作，設館於高雄市，除平衡南北文化資源差距外，更因應高雄都會區為工業匯集地區，包含中鋼、台船、台機、中化、煉油廠、發電廠等大型重工業，可配合地方工業，展示科技的原理與應用，並在工業型態社區中注入文化教育氣息。

工博館1997年開館，位於高雄市三民區，為南臺灣第一個國立社教機構，亦是臺灣第一座應用科學博物館（有別於國立自然科學博物館以自然科學為主），以收藏及研究科技文物、展示科技相關主題、推動科技教育，以及提供民眾休閒與終身學習為其主要功能，經

多年經營，展覽多樣化，已成爲高雄市博物館教學與休閒觀光之重要
場域。

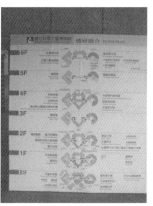

圖43　國立科學工藝博物館中庭一隅（左）與樓層介紹（右）

第二節　「社群治理」政策氛圍：高雄市地方文化館興起

　　上述爲因應社會教育功能，所興建的文化中心（含文物館、展覽
廳）、美術館、博物館建設，然1990年代以降，社區營造思潮在臺
灣風起雲湧，深切影響了高雄市中小型博物館施政，分析如下：

一、社區總體營造政策

　　「社區（community）」，通常譯爲社區、社群、共同體，其首
要關懷，就是對地域集體記憶高度重視，人民直接參與公共事務聲
浪，結合本土化與去中央化思潮，影響博物館事業發展。

　　1994年，配合當時國內政局「生命共同體」論述，文建會提出
「社區總體營造計畫」此一攸關社群治理文化政策，當時文建會主委
申學庸女士，於立法院施政報告，正式提出「以文化建設推動社區總
體營造計畫」時，列爲該會所擬文化建設十二個分項計畫項下第三類

「社區文化發展計畫」之軟、硬體計畫政策目標。其主旨擬以文化藝術形式作爲切入點，以社區爲對象，啓動社區意識的建立。

　　社區總體營造政策效應，帶動地方風潮，強調身世認同，接近生活，向作爲中心的首都或城市，訴求地方形象。表現在當時地方報導開始受到主流媒體重視、鄉土史教育實施等。

　　其中二個子計畫特別與博物館有關：其一，「輔導縣市主題展示館之設立及文物館藏充實計畫」；其二，「充實鄉鎮展演設施計畫」。強調傳統文化保存、地方文化休閒產業、社區自主參與、社區集體意識凝聚、強化地方認同意識等，進一步將社區文化與地方型博物館相結合。

二、地方文化館計畫（2002-2015）

(一)地方文化館第一期計畫（2002-2007）

　　承接1990年代以來的社區思潮，21世紀初，行政院於2002年提出「挑戰2008：國家發展重點計畫[12]」，除「文化創意產業發展計畫」以外，影響臺灣博物館生態甚劇的文建會「地方文化館計畫」，爲其第十大項「新故鄉社區營造[13]」項下一環。文建會於計

---

[12] 行政院於2002年提出牽涉新臺幣一兆兩千億元的「挑戰2008：國家發展重點計畫」，十大重點投資計畫分別爲：(1)E世代人才培育、(2)文化創意產業發展、(3)國際創新研發基地、(4)產業高值化、(5)觀光客倍增、(6)數位臺灣、(7)營運總部、(8)全島運輸骨幹整建、(9)水與綠建設、(10)新故鄉社區營造。

[13] 「新故鄉社區營造計畫」其策略爲：活化社區營造組織、社區營造資源整合、推動原住民新部落運動、新客家運動、發展醫療照顧服務社區化；目標在於利用在地資源，引入人才及創意，營造活潑多彩的地方社區。2005年初，行政院因應健全之社區爲臺灣社會安定的力量，進而提出「臺灣健康社區六星計畫」，以產業發展、社福醫療、社區治安、人文教育、環境景觀、環保生態等六大面向作爲社區發展的目標，並以2002至2004年已實施的新故鄉社區營造計畫爲基礎，擴大其面向與範圍。地方文化館計畫原爲「新故鄉社區營造計畫」第四項「文化資源創新活用」項次，而後改置於「臺灣健康社區六星計畫」之第五個面向「環境景觀」中的第二項「社區設施及空間活用」，其重點在於鼓勵社區閒置空間再利用，結合地方特色產業及傳統節慶活動，作爲地方文化設施。

畫總說明表示，地方文化館是配合暨有政策，並且具有「社區博物館」性質。

> 社區總體營造過去從地方出發，八年來培育出相當多的社區人才以及專業社團，現在進一步希望藉由專業團體累積的經驗，帶動地方的發展。為配合行政院「國內旅遊發展方案」、「挑戰2008國家發展重點計畫」及「新故鄉社區營造計畫」，以及本會長年來社區總體營造的經驗，推出「地方文化館計畫」。
>
> 地方文化館計畫是以歷史建築、閒置空間再利用等計畫概念，藉由軟體的改善，與政策相結合，並透過專業團體與地方上文史團體或表演團體的投入，凝聚共識、整合地方資源，共同提出創意，為各地方鄉鎮、社區擬具可以永續經營的籌設計畫。
>
> 本計畫的目標是在全國的角落扶植出一批夠水準的館（可以是展示館，也可以是表演館），而不是由外力在地方無中生有地創造出一些館來。即，本計畫強調地方的積極主動性，必須地方自己有意願，本會才加以支持輔導。因此，這些館應該具有社區博物館的性質，應該充分吸納地區民眾的參與，並為社區民眾而存在。（行政院文化建設委員會，2002）

而可申請地方文化館計畫之空間，可分為二大類：

其一，文建會已輔導之各縣市特色館、主題館及鄉鎮展演設施約有一百三十餘處，被視為地方文化館計畫既有輔導點，包括：(1)各縣市文化局（中心）特色館十餘

處。(2)文建會85至90年度「輔導縣市主題展示館之設立及文物館藏充實計畫」約二十餘處主題館。(3)文建會84至89年度「充實鄉鎮展演設施計畫」及90年度「社區藝文發展計畫」近九十處展演設施。

其二，新增輔導點則包括：(1)整修利用公有閒置建築物設置展示館。(2)輔導民間設置文化館。（行政院文化建設委員會，2002）

而後，2006年計畫執行第五年，在「行政院文化建設委員會95年度補助直轄市及縣市政府推動地方文化館計畫作業要點」第三點，另敘明納入2002年閒置空間再利用六個試辦點。

綜言之，地方文化館政策係整合之前各項計畫，包括：建立文化中心特色館計畫、充實鄉鎮展演設施計畫、輔導縣市主題展示館之設立及文物館藏充實計畫、閒置空間再利用計畫等，試圖予以再活化之計畫。

圖44　中央文化主管機關曾在高雄市舉辦許多文化館交流行銷活動，由左上至右下依序為：高雄上雲藝術中心、兒童美術館，與高雄夢時代地方文化館巡迴展等活動交流現場

　㈡ **磐石行動：地方文化館第二期計畫**（2008-2015）

　　在「新故鄉社區營造——地方文化館第一期計畫」於2007年執行完成後，文建會接續推動「磐石行動——地方文化館第二期計畫」，執行時間原為2008至2013年，以六年為期。而後因應政府組織改造，文建會改組，2012年5月20日文化部成立，地方文化館計畫簽請行政院展延，後依據2013年3月25日行政院「院臺文字第1020014924號」核定同意地方文化館計畫展延期程至2015年，並文字酌做修正[14]，計畫執行期程變更為自2008年至2015年，共計八年。

　　地方文化館第一、二期最大變化，在於文建會將地方文化館第二期計畫，區分為第一類重點升級館舍，與第二類文化生活圈館舍，雙軌併行進行轉型，其政策官方文書，有如下說明：

> 第一類「重點館舍升級計畫」全面提升重點館舍之精緻度，加強軟硬體設備之充實，及改善空間之舒適度與可親性，以提升館舍服務品質。（行政院文化建設委員會，2008）
> 第二類「文化生活圈整合計畫」建立縣市文化生活圈，輔以改善及整合區域內之文化據點及資源，以滿足各文化生活圈中居民便利取得與平等享受文化資源之需求，以提升整體文化品質及呈現多元地域社群特色。分年逐步執行各縣市建構之中長期文化生活圈規劃，以培養文化施政計畫之累積性與永續性，屬資源串連整合型態，由縣市統籌提案與執行。（行政院文化建設委員會，2008）

　　自民國91至96年的「地方文化館計畫」，到97至102年的

---

[14] 增列「弱勢族群服務計畫」文字。

「地方文化館第二期計畫」，文建會的政策重點開始從「鼓勵」轉為「提升」。為協助地方文化館的成長，有效提升管理效率，同時，也顧及地方文化館的脈絡、特性、規模之多元發展，因此透過自我管理評量方式，來檢測營運管理績效與評量制度，以協助各館自我定位之確定，發展重點特色，朝向永續經營的目標邁進。（行政院文化建設委員會，2010）

政策進一步將地方文化館分類（重點館舍升級及文化生活圈兩類）、分層（賦權縣市政府督導之責）輔導，並要求重點館舍應訂定自我評量指標、縣市應訂定文化政策藍圖，及整合地方資源等新措施，藉此強化營運功能，及達成永續經營目標，尤其積極思考規劃館舍，當地方文化館計畫2015年[15]截止後之營運及轉型策略。

第三節　檢視高雄市地方文化館輔導點

相較於之前僅有少數大型博物館成立，高雄市至1990年代以來，原已由地方政府（如高雄市政府設置高雄市立歷史博物館）或民間私人籌設成立數間博物館，然值得關注的是，此一時期2002年文建會（現為文化部）「地方文化館計畫」施行後，不少高雄市中小型博物館，申請該計畫補助經費，成為地方文化館輔導點。

檢視此一時期獲地方文化館計畫輔導之中小型館舍，明顯增多，本研究將其分為「具法定文化資產身分之文化館」、「展示社群文史之文化館」、「展示多元藝術之文化館」三大屬性彙整分析如下：

---

[15] 依據行政院102年3月25日院臺文字第1020014924號核定地方文化館計畫展延期程至2015年，計畫執行期程自2008年至2015年，共計八年。

一、具法定文化資產身分之文化館（計八座）

表20　高雄市具法定文化資產身分之文化館彙整表

區域	文化資產 名稱暨館名	文獻暨田野調查實勘紀錄
高雄市 鼓山區	市定古蹟「打狗英國領事館官邸」活用	打狗英國領事館官邸完工於1879年，見證打狗開港後海洋經貿歷史，為臺灣第一座由英國工部出資興建的領事館舍，1977年賽洛瑪颱風之後處處斷垣殘壁，1987年修復為高雄市史蹟陳列館，2003年重新規劃修復經營，古蹟修復曾獲地方文化館計畫補助，為臺灣最具人氣的古蹟文化館之一，現已結合登山古道與辦公室古蹟修復，成為打狗英國領事館文化園區。
高雄市 旗津區	市定古蹟「旗後砲臺」活用為「旗後砲臺古蹟故事館」	砲臺建築是清末海防特色，旗後砲臺1985年公告指定為古蹟，1995年修復完成。2004年活用為旗後砲臺古蹟故事館。
高雄市 鹽埕區	市定古蹟「原高雄市役所」活用為「高雄市立歷史博物館」	高雄市立歷史博物館建築原為為日本殖民統治時期第二個高雄市役所，造型式樣為興亞帝冠式，戰後改為高雄市政府，1992年市府搬遷至苓雅區新建的合署辦公大樓，完成階段性任務，功成身退，因其歷史地位意義重大，緊繫高雄市發展脈絡，特規劃為高雄市立歷史博物館，1998年正式開館，以保存發揚高雄市歷史文化為目標，成為臺灣第一座由地方政府經營的歷史博物館，深具意義，2004年公告指定為市定古蹟。
高雄市 鼓山區	市定古蹟「武德殿」活用	武德殿原名振武館，含有振興武德之意涵，興建於1924年（日大正十三年），未整修前原為陰暗、破舊、違建戶占用的空間，2003年文化局成立後歷經一年修復，於2004年完工，2005年委託社團法人高雄市劍道文化促進會經營管理，是全臺目前唯一以原始功能活用之武德殿，成為台日交流之文化空間。

區域	文化資產 名稱暨館名	文獻暨田野調查實勘紀錄
高雄市 鼓山區	歷史建築「高雄市忠烈祠及原高雄神社遺跡」活用為「戰爭與和平紀念館」	高雄市忠烈祠及原高雄神社遺蹟見證日本殖民統治時期至今文化，2007年公告登錄為歷史建築，館內介紹忠烈祠由來及高雄市忠烈祠的前身高雄神社，以激發市民對戰爭與和平的省思為目的，現閉館。
高雄市 旗山區 （原高 雄縣）	市定古蹟「舊鼓山國小」活用為「旗山生活文化園區」	旗山舊鼓山國小創立於1920年（日大正九年），為日治時期學校建築之佳作，2000年公告指定為古蹟，修復後活用為旗山文化生活園區，舉辦音樂表演、社區劇場、藝術展覽、空間藝術創作等活動，亦為閒置空間再利用計畫既有輔導點。
高雄市 橋頭區 （原高 雄縣）	市定古蹟暨文化景觀「橋仔頭糖廠」活用為「臺灣糖業博物館」	橋仔頭糖廠行政中心與廠房部分遺蹟於1901年（日明治三十四年）落成，為臺灣第一座新式製糖廠，有無可取代之歷史、產業文化價值。廠區內建築及自然生態具保護價值，兩幢仿西洋式辦公室及一座純銅黑觀音塑像具歷史代表性，全區現為臺灣糖業博物館，2008年公告指定為古蹟及登錄為文化景觀。
高雄市 旗山區 （原高 雄縣）	歷史建築「旗山火車站」活用為「蕉城文化館」	旗山火車站與旗山老街有密切依存關係，見證日本殖民統治時期旗山市街與糖業的發展過程，2005年公告登錄為歷史建築，2009年完成修復，成為遊客服務中心及旗山文物影像之展示窗口。

（研究者製表）

二、展示社群文史之文化館（計二十三座）

㈠歷史主題（十三座）

除上一小節具法定文化資產身分之文化館外，非法定文化資產活用的歷史主題文化館（含圖書館、公所、學校等空間活用之地方文史

民俗、人物歷史館），經田野調查有十三座，敘述如下：

表21　高雄市歷史主題文化館彙整表

區域	館名	文獻暨田野調查實勘紀錄
高雄市楠梓區	後勁文物館	後勁可追溯明鄭時期的軍墾聚落，透過五個公廟的甘尾會活動決定成立後勁文物館，記錄了後勁地區的社會轉型過程與產業發展軌跡，並呈現後勁四百年來的人文風貌。
高雄市路竹區（原高雄縣）	路竹地方文化館	由舊圖書館改建而成，推動鄉土教育，收藏路竹地區各種民俗器具與歷史文物，曾獲「地方文化館計畫」早期補助，現閉館。
高雄市大寮區（原高雄縣）	大寮鄉地方文化館	位於鄉立圖書館，內展示有當地眷村等生活文化用具，曾獲「地方文化館計畫」早期補助。
高雄市前金區	臺灣醫療史料文物中心	打狗高雄是世界近代醫學進入臺灣的歷史起點，臺灣醫療史料文物中心是臺灣第一座針對臺灣醫療史進行研究、推廣之主題博物館，於2003年開館，後因組織調整，已休館，轉型為高雄市拍片資源中心。
高雄市小港區	鳳鼻頭文化館	預將舊建築物重塑為作為鳳鼻頭文化保存教育意義的文史空間，記錄鳳鼻頭地區的社會轉型過程與產業發展軌跡，後因地方協會內部無法達成共識與自籌款問題，在獲得「地方文化館計畫」補助之後撤案，並未開館。
高雄市小港區	高字塔藝術文化園區	位於紅毛港村，鄰近港口可近距離接觸貨櫃輪進出，唯因紅毛港遷村與港區規劃而關館，曾獲「地方文化館計畫」早期補助，現已因應遷村，另成紅毛港文化園區。

區域	館名	文獻暨田野調查實勘紀錄
高雄市旗津區	旗津戰爭與和平紀念公園主題館	二次大戰和國共內戰,讓許多臺灣子弟成為日本兵、國民黨軍及解放軍,他們不知為何而戰,也不知道為誰而死,中華民國原國軍臺籍老兵暨遺族協會積極奔走,最後選定高雄旗津許多臺籍日本兵及國軍出征時最後一瞥的港口,面海興建戰爭與和平紀念公園,內設主題館,2009年啓用。
高雄市旗津區	陽明高雄海洋探索館	陽明高雄海洋探索館是一棟擁有遊輪造型的雙層樓建築,能愜意欣賞高雄港與旗津漁港景色。
高雄市鳳山區(原高雄縣)	鳳山地方文化館	鳳山地方文化館位於青年公園,原是鳳山衛生所青年分駐所,後遷徙閒置,轉型規劃展示打鐵街與赤山粿的歷史。
高雄市橋頭區(原高雄縣)	橋仔頭文史協會會館	橋頭仕隆國小旁一幢近百年的日本殖民統治時期教師單身宿舍,進校巷14號,由在地青年以自力修復和社區備料庫的方式,築起長輩的時空記憶,串起在地居民和學童生活印記。
高雄市甲仙區(原高雄縣)	甲仙鄉地方文化館	甲仙公所規劃利用和安社區活動中心,展示甲仙地區芋頭、竹筍產業、化石文化、平埔族文化、傳統藝陣及手工藝等,亦為充實鄉鎮展演設施計畫既有輔導點。
高雄市湖內區(原高雄縣)	湖內鄉地方文化館	大湖社區發展協會以社造理念營造,並結合自行車道休閒產業,曾獲「地方文化館計畫」早期補助。
高雄市內門區(原高雄縣)	宋江文化館(活動案)	聞名全台的民俗技藝「宋江陣」是內門特色之一,曾獲「地方文化館計畫」早期活動補助。

(研究者製表)

㈡ **族群主題**（三座）

　　文史內容當中，有三座以族群文化爲主的文化館，分別爲原住民族與客家主題，分述如下：

表22　高雄市族群主題文化館彙整表

區域	館名	文獻暨田野調查實勘紀錄
高雄市納瑪夏區（原高雄縣）	三民鄉原住民文物館（納瑪夏原住民文物館）	原高雄縣三民鄉公所提案，該公所現已改為高雄市那瑪夏區，曾獲「地方文化館計畫」早期補助。
高雄市甲仙區（原高雄縣）	小林平埔族群文物館	「小林平埔文物館」除了負有平埔族文史介紹向下扎根，讓不同年齡層的民眾都可以接觸到以外，同時可以其為主體，規劃多樣活動，讓它逐漸深植社區。為推動甲仙的深度之旅，高雄市文化局及觀光局亦協助拍攝《拔一條河》紀錄片電影，並結合民間推出「甲仙《拔一條河》小旅行」，期以深度旅探索甲仙豐富的人文風情，重新帶動地方生活圈之產業發展。
高雄市美濃區（原高雄縣）	美濃客家文物館	美濃客家文化以保存完整著稱全台，從衣飾、美食、屋宅、音樂，充滿客家人在遷徙過程中為適應環境所創造出來的智慧。文物館以美濃故事為主題，再現豐富的族群文化資源，曾獲「地方文化館計畫」早期補助。

（研究者製表）

㈢ **自然科學主題**（一座）

　　獲地方文化館化經費補助之以自然科學主題文化館僅一座：

表23 高雄市自然科學主題文化館彙整表

區域	館名	文獻暨田野調查實勘紀錄
高雄市甲仙區（原高雄縣）	甲仙化石館	成立於1994年，館藏六千餘件，包含中新世晚期、中新世中期等珍貴化石，為輔導縣市主題展示館之設立及文物館藏充實計畫既有輔導點。

（研究者製表）

(四) 產業主題（四座）

高雄市以產業文史為主題之文化館經調查有四座，分述如下：

表24 高雄市產業主題文化館彙整表

區域	館名	文獻暨田野調查實勘紀錄
高雄市旗津區	高雄市漁業文化館	高雄市為臺灣遠洋漁業的發祥地，其中鮪魚、魷魚產量分別居全球二、三位，結合前鎮魚市場，發揮漁業教育、文化休閒功能。
高雄市岡山區（原高雄縣）	臺灣螺絲博物館	岡山有螺絲窟之稱，產值占全臺七成，成為特色產業，鄰近國立岡山農工，就螺絲產業背後人文歷史意義做保存與展示。
高雄市旗山區（原高雄縣）	旗山鎮農會地方文化館計畫（香蕉文化館）	旗山鎮農會申請利用穀倉整修再利用，後因故撤案。
高雄市梓官區（原高雄縣）	梓官烏魚文化館	除保有展示烏魚文化史功能外，轉型為社區學習中心，曾獲「地方文化館計畫」早期補助。

（研究者製表）

㈤宗教主題（二座）

宗教組織文史有關之文化館舍，經探查計二座，分述如下：

表25 高雄市宗教主題文化館彙整表

區域	館名	文獻暨田野調查實勘紀錄
高雄市大樹鄉（原高雄縣）	佛光緣美術館總館	位於佛光山大雄寶殿後方，占地六百坪的佛光緣美術館總館，於1991年開館，以展示現代創作為主，融合傳統文物、雕刻等珍藏品展示，將佛教與藝文結合。
高雄市岡山區（原高雄縣）	岡山基督長老教會育仁社區文化館	岡山長老教會為岡山地區最早的禮拜堂，設育仁社區文化館，以仁愛胸懷，關愛社區內各年齡層的終身學習、心靈建設及文康聯誼活動，並進行社區文史調查、關懷社區青少年、成立育仁合唱團、成立青少年樂團、藝術家進駐社區創作。

（研究者製表）

三、展示多元藝術之文化館（計十四座）

高雄市多元的藝術主題，包括文學、視覺藝術（含工藝、電影）、表演藝術，以及綜合藝術展演設施（含圖書館、禮堂、活動中心、演藝廳等複合空間）之文化館舍經田野實勘計有十四座，分述如下：

表26 高雄市展示多元藝術之文化館彙整表

區域	館名	文獻暨田野調查實勘紀錄
高雄市前金區	高雄文學館	前身為高雄市立圖書館第二總館，是全國首座以城市命名的文學館，建置高雄作家資料專區，保存展示其創作文物，並進行數位化，透過網站提供更多深入了解高雄作家的管道。

區域	館名	文獻暨田野調查實勘紀錄
高雄市美濃區（原高雄縣）	鍾理和文學紀念館	鍾理和出身美濃尖山，紀念館以臺灣坊間民宅為設計主調，突顯平易近人風格，展示手稿、日記、雜記、生活用品及研究鍾理和文學的相關文件，由財團法人鍾理和文教基金會管理。
高雄市鼓山區	高雄市兒童美術館	位於美術館內惟埤文化園區北方，由園區內閒置的遊客服務中心改造，2005年開館，鼓勵孩子動手操作、主動學習，透過藝術的探索與操作，啓發更豐富的好奇心與想像力。
高雄市鹽埕區	上雲藝術中心	財團法人中臺山佛教基金會將佛法的弘揚與藝術文化結合，希藉由發揚傳統文化和當代藝術理念的傳達，讓大眾體驗生活即藝術的內涵。
高雄市鹽埕區	駁二藝術特區	是高雄發展實驗創作與設計藝術的動脈區塊，隨著都市港區空間解放政策與文化觀光路徑的延伸，空間特質保有一種前衛、實驗、創新，亦為閒置空間再利用計畫既有輔導點。
高雄市三民區	新思維人文空間	座落於河堤社區，為著名帕莎蒂娜烘焙餐飲空間事業體一環，2004年開館，定期舉辦藝術展覽以及專題講堂，提供美學教育及藝術市場資訊。
高雄市茄定區（原高雄縣）	郭常喜藝術兵器文物館	2002年開館，展出從石器時代至清代，歷代兵器及民俗宋江陣、原住民禮刀等，並不定期舉辦特展及研習。
高雄市岡山區（原高雄縣）	皮影戲館	皮影戲自三百多年前由大陸潮州傳入南臺灣之後，高雄成為臺灣皮影戲的重要發源地，在皮影藝術式微的今日，皮影戲館扮演承先啓後的角色，介紹高雄縣五個傳統劇團的傳承背景和演出特色，亦為建立文化中心特色館計畫既有輔導點，2013年完成改裝重新開幕。

區域	館名	文獻暨田野調查實勘紀錄
高雄市鹽埕區	高雄市電影館	高雄市政府為替南臺灣民眾帶來更豐富的影像視野積極催生，幾經波折後選定愛河畔原高雄市實驗國樂團排練場舊建築作為館址，更舉辦高雄電影節與南方影展，提供售票或索票的多元藝術電影，讓觀眾在商業電影之外有更多重選擇。開館經費曾獲地方文化館計畫專案補助。
高雄市三民區	臺灣美電影文化館	2004年開館，展示百年電影經典真蹟文物，館藏從巡映業放映機、臺語明星劇照、本事等數千件，與珍貴的原版海報，另設有高雄市老戲院主題區，將六十年來高雄戲院的舊址與變遷沿革蒐錄記載，為目前高雄市電影歷史最完整的呈現。
高雄市前金區	高雄市立圖書館總館中興堂	中興堂自1981年啓用以來，主要作為音樂、戲劇、舞蹈、講座及電影欣賞等活動之用地，更是伴隨許多高雄市民成長的記憶空間，現經整修，辦理城市講堂等活動。
高雄市苓雅區	高雄市表演藝術資訊館（音樂資訊館）	位於文化中心圖書館四樓的表演藝術資訊館，成立於1998年，原稱音樂資訊館，亦為輔導縣市主題展示館之設立及文物館藏充實計畫既有輔導點。現因應空間暨組織調整閉館。
高雄市岡山區（原高雄縣）	文化局行動劇場計畫（活動案）	地方文化館計畫初期，亦曾補助活動案。行動劇場計畫曾獲「地方文化館計畫」早期活動補助。
高雄市大社區（原高雄縣）	大社鄉活動中心	圖書館一樓原為社區活動中心，亦為充實鄉鎮展演設施計畫既有輔導點，曾獲「地方文化館計畫」早期活動補助。

（研究者製表）

圖45　高雄駁二藝術特區原為閒置空間再利用，亦曾獲地方文化館補助修繕空間，現為當下高雄文創基地

四、歷年受補助之四十五座館舍分析

上述歷年來曾受地方文化館計畫補助之館舍計有四十五座，分析可得：

其一，在地方文化館計畫由第一期轉型第二期之後，「地方文化館第二期計畫作業要點」第三點，明確規定補助對象「基於對各業務主管機關職掌之尊重，並考量本會補助資源有限，有關客家及原住民等性質之文化館，由各該業務主管部會輔導」。於是，原住民族與客家主題館舍，因地方文化館政策不再補助原民會原住民族，與客委會客家館舍，故不再列為文化館輔導點，直至2015年因政策變更，原住民族主題館舍重回到補助範圍。

其二，有些館舍僅為地方文化館計畫最早期一次性的活動案補助，或先期規劃案，如原高雄縣文化劇場計畫、高雄市鳳鼻頭文史館規劃案。

其三，有些已因功能變遷閉館，如高雄市表演藝術資訊館（已變更為圖書館與辦公室）、高字塔藝術文化園區（已變更為紅毛港文化園區重新規劃）、臺灣醫療史料文物中心（已變更為高雄市勞工博物館）等。

其四，亦有部分館舍因無人員編制，功能無法彰顯，現為半閒置狀態，如梓官烏魚文化館等。

綜上所言，若回顧地方文化館政策歷史，本研究以為，地方文化館計畫由社造出發，雖有社區博物館思維，但原不屬專業博物館計畫，然因應地方文化館計畫，以「館」為計畫名稱，而臺灣之前「博物館」此一業務實屬教育部主政，非由文建會主管，教育部主政下的臺灣博物館事業，並無中小型博物館補助計畫。

然而，自1990年代以來，文建會有諸如文化中心特色館、縣市主題館、閒置空間再利用等計畫，以及民間因時空背景成立之各種型態館舍，數量皆增加不少。但教育部或文建會，並無中小型博物館計畫，可作為經費尋求管道與諮詢，故在此一政策空窗期，地方文化館計畫，作為與「館」較有關計畫，演變成許多中小型館與各鄉鎮展演設施等主要申請途徑。

然而，規模屬性差異過大，實際營運狀況問題層出不窮，且因包含各種大小規模館舍，輿論常陷入以都會型博物館參觀人數、量化指標，來評價全臺灣地方文化館計畫多數鄉鎮型館舍，於是，「蚊子館[16]」之名，遂與地方文化館計畫，產生部分聯結。

研究者觀察，不僅止於高雄市，全臺灣諸多不再獲地方文化館計畫補助經費之文化館輔導點，其原因，諸如首長異動，新任鄉鎮長上任，不支持前任鄉鎮長之政策，欲另謀他徑以別苗頭等；部分文史團體雖有文化訴求，但無經營空間之能力，造成館舍無力為繼；土地無法取得，或使用執照變更無門等等，原因相當紛雜。而其中，經輿論批評經營不善之文化館，全臺灣有一大比例，係鄉鎮公所或農漁會所

---

[16] 尤其，2007年《聯合報》以三天系列報導（賴素玲，2007），從各面向探討包含原委會原住民會館、客委會客家文化會館，與文建會地方文化館等文物館舍，指出為保存地方文物，全臺各縣市興建各式各樣文物館，其中固然有經營出特色者，但為數不少文物館因營運不善，虛擲公帑，閒置荒廢，將蚊子館議題點燃。

屬館舍。

　　為何有這類流弊？若舉高雄縣市2010年底合併升格之狀況予以說明，內政部於2009年9月1日正式發布「高雄縣市合併改制計畫」，自2010年12月25日高雄縣市合併改制為「高雄市」。縣市合併後，各層級文化機構組織編制有諸多整併調整，而當原高雄縣各鄉鎮公所，轉為直轄市區公所時，各公所急欲將各文化館移撥至文化局，係因籌設或經營文化館等鄉鎮設施，已不再成為非民選區長，其政績展現或選舉籌碼。

　　簡言之，公所不須選舉就不願經營。而閒置館舍，卻成為亦無編制人力與預算地方政府文化局燙手山芋，此種因經營不善，互踢皮球預脫手情形，在各縣市屢見不鮮，高雄縣市合併升格，只是將此普遍情況突顯呈現。

　　此外，部分館舍，也常面臨週末觀眾欲參觀，卻非開放時間，平常日參觀卻仍碰到兼職負責人員，另有事無法開館，導致觀眾不得其門而入，無法參觀，此類問題於鄉鎮文化館亦相當常見。

圖46　原高雄縣梓官鄉烏魚文化館因活化不易，常因公所派駐人員另有他事而關館，常使參觀者撲空，全臺灣諸多鄉鎮文化館皆有此一情形

　　本研究分析，地方文化館計畫執行困難，在其行政機制上確實有弱點，文化部並無地方文化館主管權，而除少數市立所屬館舍外，地方政府文化局亦無各地方文化館輔導點之實際管轄權，亦無經費與編

制可常態營運館舍。

　　地方文化館計畫僅為經費補助計畫，並無相配套之博物館法或博物館評鑑制度，體制並不完善，文化部對地方館舍的審查並無「進場」或「退場」機制，而是由地方視地方館舍生態，而決定是否申請補助，後由文化部召集專家學者委員會進行審查決定是否補助。是故，當館舍因故閒置，除不再給予經費補助之外，並無實際解決之道。然而，少數成為蚊子館之館舍污名，卻伴隨著整體計畫印象，使許多經營有成的館舍，亦蒙受壓力，應予以澄清。

　　承上述，因應地方文化館政策，所衍生之蚊子館議題、輿論效應、地方政治角力等限制，本研究以為，中央部會應有博物館專屬主管單位、法令與政策，現文化部已於「文化資源司」下設「博物館科」作為博物館專責業務單位，負責博物館政策研擬與推動、輔導、獎勵、獎助與博物館人才培育、博物館交流與合作事項，且《博物館法》已制定公告施行，邁入新紀元。針對本章之研究與建議，將於最後一章第九章整合探討。

第九章

結論與建議：開展文
化多樣性，打造城市
創意氛圍

　　本章第一、二節針對前述高雄市文創設計人才與文創園區空間政策、博物館展演設施政策分項提出研究發現與建議，第三節針對各章論述總其成，以整個研究作為思考與反省單位，提出研究總結。

第一節　針對文創設計人才與文創園區空間政策

一、「人才」政策須加強聯結與配套

　　根據第七章訪談內容分析與文獻對照，「人才」是創意城市之首要，「人」是創意城市的一切基礎，是創新的來源、經濟的主要推手，「人」不僅是創意階級，也包含公眾居民。文創人才在城市發展時，市民對於人才所從事之創作與工作有一定的了解與解讀素質時，便會促使人才被看見與接受，代表城市有一定的多元開放風氣與包容力，這對於人才的聚集有著高度吸引力；而除了市民素質外，政府扮演著重要的扶植角色，掌握公部門預算資金，能舉辦相關展演，提供文創者工作機會，也能補助人才或學生新秀，提供交流平臺，強化與產業市場聯結，打造前述Charles Landry所謂的「創意氛圍」。

　　本研究發現，高雄市政府知道「人才」是創意城市的靈魂中樞，故提出了「文創設計人才回流駐市計畫」，期望人才能在高雄市內流轉；然而經訪查了解，對受補助人才來說，他們雖然被聚集起來，可公部門仍缺乏提供一個完善的平臺與管道讓彼此相互認識，在不認識彼此的情況下，也就沒有預期的彼此交流、激發創意；且在計畫中，市政府每月的補助金額，其實只夠每月生活基礎開銷，導致人才另需專注在其他案子上，可見高雄市文創人才政策尚未完整。

　　依此，本研究針對文創設計人才政策提出兩項建議：

㈠ 須提供交流平臺給予文創者

　　經訪談發現，文創者認為人才相互交流是激發創作靈感的重要因素，而公部門缺乏讓創作者彼此悉知的平臺，人才互不熟識，回流人

才偏向找尋臺北或其他縣市故友合作，使高雄無法產生前述Charles Landry所說的「創意氛圍」，缺乏其提出的「網絡與組合架構」與「人力的多元性與各種人才的發展管道」。因此，本研究建議，市府應打造「創意城市網絡人才銀行」，除了能讓在地文創人才彼此認識，也能快速找尋合適的合作夥伴。初期建議由公部門定期舉辦聚會或相關活動，如發表會、演講會等，讓創作者互相認識，增加合作機會與群聚效應，亦可開放給相關科系之師生，透過產官學合作，擴大城市文化創意產業結構。

(二) 人才配套措施須更加縝密

經訪查了解，「大義倉庫進駐計畫」雖然修正了原「文創設計人才回流駐市計畫」缺乏空間據點此一不足處，但計畫效期依舊太短，亦屬實驗性質，且在約期結束後也無延續性配套措施，故建議在扶植初期，政府可以和相關產業進行合作計畫、推廣受補助人才，或釋出利多誘使文創公司於高雄成立駐點分部，使文創單位有管道認識更多人才，也能熟悉城市消費習慣及特性，利於產品的開發與創新，並增加市場需求與工作機會，吸引人才留下或是遷居高雄。

綜上所言，從Florida的創意經濟四T理論與各國城市轉型案例來看，人才確實為創新來源與經濟發展之推手，在此方面於高雄市提出諸多人才政策可見其雛形，其以人作為媒介，為城市帶來漣漪效應，但仍須在加強計畫完整性，包含初期扶植、期間過程、後續發展、市場需求、工作機會等須密切關注，也能夠適時供予機會於民間，增加串連性；也發現吸引創意階級之主因並非政策，不難發現全球知名的創意城市之氛圍皆是開放、多元的，在環境上須有容許實驗的空間、迎合多元性與多樣性需求，方能吸引創意階級。

二、「空間」政策須生活化與多樣性

經前述第七章探討，駁二在2010年12月25日縣市合併之後由視覺藝術主管科（第四科）科內一部分業務轉為成立一個獨立的營運中心，可見文化局對駁二的重視程度，市政府也期望駁二可以率先帶

動高雄的水岸發展，聯結已落成的高雄展覽館、高雄市立圖書館總館，興建中的水岸輕軌捷運、海洋文化及流行音樂中心、高雄港港埠旅運中心等。駁二在此一區塊除了提供藝術家或文創相關工作者一個窗口與世界接軌外，也是提供遊客一個可以紓解壓力又有趣的休閒景點，且駁二屬於較輕鬆、貼近生活，適合情侶約會、家庭出遊、朋友聚會的地點，又以展覽風格與其他藝文博物館做出區隔，是集觀光、休閒、展覽、演唱、表演、比賽、影視拍攝、文化創意周邊商品販售、藝術創作、文化育成等功能於一體的文化創意園區。

值得一提的是，駁二在2013年及2014年獲得《天下雜誌》「金牌服務大賞」[1]全國藝文特區第一名，又晉升爲全台服務跨行服務業前十名，而2014年由臺灣美學媒體品牌「La Vie雜誌」創辦全國第一屆「臺灣文化創意產業100大獎」，其中「年度最佳文創園區」第一名亦由「高雄駁二藝術特區」奪冠，2015、2016亦有優異成績。

造就這樣一個現象的原因，據媒體報導指出，人潮願意回流駁二，是因爲隨著倉庫群拓展成大駁二特區，「動態趨勢」的園區風貌及各種不同藝術展演的呈現，加上「嚴選」招商機制，持續帶來更豐沛的民間能量。「走入人群，駁二藝術抓住你心」，是駁二勝出的原因，「作爲全台唯一臨海的藝術特區，去年遊客人數突破三百萬，高雄駁二藝術特區擁有得天獨厚的先天優勢。持續蛻變的背後，是團隊一點一滴的努力、創新累積及敏銳觀察流行風潮。」（李義，2014）

然經本研究發現，駁二目前面臨挑戰有二：

---

[1] 以2013《天下雜誌》「金牌服務大賞」爲例，其是以封閉式網路調查方法，對《天下雜誌》群會員資料庫進行隨機抽樣調查，調查時間爲2013年3月11日至6月20日，評量指標包括「品牌認知」與「服務品質」兩大構面，並根據滲透度、滿意度、口碑推薦、環境氛圍、服務效率、服務態度與商品／服務特色七項指標進行評量。類別評比對象除了駁二之外，還有臺北華山、台中文創園區、高雄十鼓糖廠及臺北松山文創園區，駁二不僅異軍突起拔得頭籌，而且評比成績82.38分，表現亮眼，遠超過其他園區都還不到八十分的成績。

　　其一，駁二外圍的各種裝置藝術及營造的悠閒氛圍令人流連忘返，然而真正購票進入展場的觀眾並不多。該改變這樣的情況，但如何引遊客進入展場？是駁二的挑戰之一。

　　其二，駁二在擴建更多倉庫、進駐更多廠商的同時，如何維持駁二為藝文展演空間的定位，不讓人覺得過度地商業化，亦是駁二要持續把關的任務。

　　依此，本研究針對文創園區空間提出二項建議：

㈠ 增加生活化、調整票務並改善交通與夜間安全問題

　　文化創意園區應是一種將藝文、產業、消費結合的群聚空間，目前駁二雖然擁有許多展覽活動吸引民眾，但是往往參與過後人潮就會快速散去，原因在於駁二不夠「生活化」，無法留住人繼續在園區飲食消費。所謂「生活化」即「事或物，在生活上能被廣泛地實踐運用」。

　　駁二目前面臨的一大問題，觀眾偏愛室外的裝置藝術與蒸汽小火車，遠較主要展場內部看展為多，是否由於展覽吸引力不足？抑或

圖47　駁二各式音樂活動遠多於看靜態展示之人潮，圖為大義倉庫LIVE WAREHOUSE排隊等候之觀眾（左）以及蓬萊倉庫人氣的可乘坐的蒸汽小火車（右）

是票價政策採包裹制（駁二手環包括駁二塔、舊事倉庫、駁二當代館、蒸汽小火車等，一票通行），無法因應觀眾之個別觀展需求，是否應從中檢討，有所調整？另針對傍晚以後的駁二安全性的問題，建議在傍晚進入午夜前後，能設計更多文創活動，並增加其範圍之亮度與夜晚休憩功能，並採守衛制且可搭配徵求守望相助隊配合。若駁二晚間安排活動，將能對高雄市夜晚文創生活產生不同氛圍。

依據Abraham Maslow（亞伯拉罕·馬斯洛）1954年提出以「人是一種追求完全需求的動物」前提下的「需求層次理論」，包含：生理、安全、社交、尊重、自我實現五項。人們所期待的「創意城市」提供五項需求，「生理」：工作機會、提高工資福利態度；「安全」：職業保障、醫療保險等；「社交」：支持許多工會交流來往，集會聚會；「尊重」：多鼓勵工作者，社會風氣良好、包容力強；「自我實現」：人才可以有用武之地，得以實現自己。

對照前述理論，本研究建議，文創空間政策最基礎為滿足生理需求，可增加符合在地文化餐飲、便利商店等商家，讓人潮增加並且可流連；有了商家與燈光照明，自然讓遊客有安全感；社交方面應讓創意人才多會面，人一聚集便有有趣的市場或是活動自然而生，並打造尊重多元文化、風氣開放的環境；最後，在自我實現方面，能提供完好的政策與空間讓人才發揮，如此基礎下形成既非住家也非工作場所，但讓人們得以聚會的「第三地」，進而產生「認同感」。故「生活化」是商業與文創的適當結合，並非嚴格分離而有距離感。「創意城市」必須從基礎做好打造優良環境，以留住城市最重要的資產「人才」，滿足人的多層次需求。

㈡ **加強空間多樣性串連，強化原有倉庫、海港、鐵道、歷史內涵**

本研究觀察，現今國內外文創園區盛行，有的純藝術取勝，有的主打商業路線，應思考：駁二的定位為何？怎樣的取捨拿捏才適中？駁二近年結合親港空間與自行車道並打造不同倉庫群，引入休閒餐飲，已成為一個大的面，所含較為廣泛，吃喝玩樂無所不缺，成為

高雄市指標文創觀光景點，亦使鹽埕區重新活絡。然未來可望增加串
連空間之多樣性與駁二本身文化內涵質感，本研究觀察，倉庫、海
港、鐵道、歷史，四個項目加起來是駁二的優勢，展示可利用歷史典
故，把糖、米、木材、香蕉的物產加入，並將周邊區域脈絡的拆船
業廢五金，與第二次世界大戰的廢船打撈有所聯繫，而除了展覽之
外，如獨立音樂、流行音樂駐村、小劇場，駁二應當加強彰顯其多元
性格。

　　此外，目前集中駁二單點式經營，缺乏Richard Florida「新創意
地理學」所提城市蓬勃在於多元整合之環境。本研究建議多點式的
發展可以讓高雄快速形成文創聯結面，而駁二應成為核心，持續帶動
使高雄市各街頭巷弄多樣性發展。以民間的力量活絡空間，利用民間
互動聯繫產生城市認同感，加強市民對於文化創意產業的認知與素
養，並讓駁二串連之各點空間的多樣性強化文創觀光環境，打造城市
轉型新形象。

　　除了多點化經營外，必須發揚城市的獨特性，如巴塞隆納利用豐
富的文化，包含建築、藝術等打造獨樹一格的創意城市；另外，夜光
經濟也是創意城市是不可或缺的一部分，城市夜生活，人的交流群聚
能造就空間的創意氛圍。

圖48　打造「創意氛圍」需聯結民間業者多點經營，圖為民間LIVE HOUSE
　　　瑪莎里斯爵士酒館爵士演奏

圖49　由老工廠改建的台鋁MLD，複合了書店、菜市場、宴會聽、咖啡館、
電影院等空間，可望公私部門加強串連

　　綜上所言，駁二藝術特區是高雄市前進創意城市重要里程碑，但
空間與人密切相關，「人」為一切的基礎，在人才聚集之後，且地區
中的人民有文創素養、多元兼融，產生創意氛圍，匯集更多創意階級
到此聚集，創造出屬於這個城市獨有的特色。故本研究認為駁二在
夜晚營運的商家與藝文活動能夠增加，強化「生活化」機能，融入
市民生活，並媒合城市各角落文創空間多點設立，共同打造有「人
才」、有「包容力」，具有「多樣性」之創意城市。對照創意城市論
述，高雄應致力加強打造「創意經濟發展的四T」：科技（Technol-
ogy）、人才（Talent）、寬容（Tolerance）與愉悅環境（Territorial
Assets）。城市想要吸引創意人、激發創新能力與刺激經濟成長、自
然與人造的愉悅環境（Territorial Assets），四者兼具。如何打造多
樣性，增加生活化機能，並將藝文與商業結合，仔細拿捏分寸而不使
其失去平衡，讓文創更貼近生活，是文創設計人才與文創園區空間政
策可望努力方向。

第二節　針對博物館文化展演設施政策

　　針對上一章第八章探究高雄市博物館文化展演設施政策，本研究爬梳歷史，發現早期高雄並無博物館政策，直到1980、九十年代以來，因應行政院第十二項建設成立之文化中心附屬文物館、高雄市立美術館、國立科學工藝博物館等作為社會教育機構，至今仍擔任高雄市博物館社會教育之重要角色，而後接續社區營造、社群治理風潮，21世紀初期，高雄市文化施政積極，爭取中央「地方文化館計畫」經費，高雄市中小型博物館風起雲湧。經前述研究分析而得，除了國立級館舍（指國立科學工藝博物館）外，歷年受補助之地方文化館輔導點共計四十五座。

　　值得一提的是，經田野訪查得知，高雄市在地方文化館計畫第一期六年（2002-2007）與第二期八年（2008-2015），二期皆提案爭取獲得全國最高預算金額補助縣市，可了解高雄市以企劃導向的「各縣市競爭型計畫」上之績效卓越，然現階段雖有數量為數不少之館舍，然各館舍體質並未健全，整體博物館發展仍未成熟。

　　本研究以為，地方文化館政策，從原本社區總體營造計畫運作下，由原地方鄉鎮展演設施補助，因應臺灣文化施政之實際情形與需求，轉變成為中小型博物館強心劑，成為國立級館舍以外，地方博物館之經費主要尋求來源，有其指標性價值與意義。

　　第一、二期計畫執行期程至2015年已結束，依據文化部「推動博物館與地方文化館整合發展計畫」，2016年推出新一期政策，將以「整合協作平臺」計畫代替原地方文化館第二期計畫「文化生活圈」此一名詞，其目的在於延續地方文化館計畫成效，提升各館本質，強調社區總體營造與在地精神，強化其與在地、跨域之聯結。方式為：延續地方文化館社區精神，結合在地文化資源，在社區意識、認同感的基礎下，發揚文化價值。

　　以館群聯盟方式，採異業結盟方式，引進民間及各部會資源，建立館舍自主營運能量（自償率提升），降低政府部門資源挹注。發展

文化與觀光、創意產業、青年創業之結合模組，促進在地文化產業發展（如文化觀光路線規劃）。促進文化資源整體發展，扶植偏遠地區館舍，達到文化平權目標（行政院文化部，2015）。可知未來中央政府計畫將「文化觀光」與「文化平權」納為關注焦點之一。

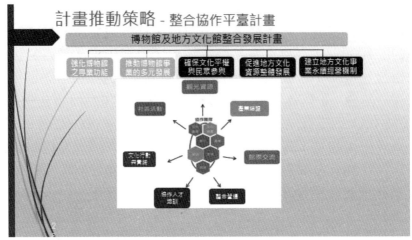

圖50　文化部「推動博物館與地方文化館整合發展計畫」（資料來源：文化部簡報截圖）

　　本研究經與各館舍訪查與文獻分析，進而建議未來高雄市應配合中央政策之脈動，以兩大主軸推動：其一，打造高雄城鄉「博物館文創觀光」點線面版圖；其二，串連博物館「多樣性」促進文化平權與多元參與。分述如下：

一、打造高雄城鄉「博物館文創觀光」點線面版圖

㈠國際博物館媒合文化創意產業趨勢

　　學者黃光男曾於〈臺灣博物館與文化產業〉一文，提及「博物館事業已成為當今文化產業的主軸，作為大眾互為理解與尊重的機構，其多元性與專業性，就文化的意涵上，具有概括性的象徵與作用。因此，國際間談文化產業，博物館均列為首要地位。」進而分析：

博物館事業已成為當今文化產業的主軸，作為大眾互為理解與尊重的機構，其多元性與專業性，就文化的意涵上，具有概括性的象徵與作用。因此，國際間談文化產業，博物館均列為首要地位。……臺灣博物館成效管理，有助於文化產業的增進與提升，有形的產值，在於觀光事業的發達，在臺灣似乎尚未進一步受到重視，或尚未列為文化產值的重點。……博物館產業的另一面意義，則是精神產值，亦即為知識與價值的意義，可歸類為無形文化財。也是一項常被人忽略，卻是人類進步以及生活精進的部分。博物館之所以成為文化的象徵與圖騰，就是在這部分的引力，有著無限開發的可能與希望。其一，是知識的增進，……。其二，藝術美感的獲得，……。其三，信度與信心的維護，……。其四，價值認定，更是博物館文化產業的精神總彙。……臺灣文化產業在那裡，除了自然環境與社會發展做積極的維護與開拓外，博物館設置與營運，將是文化產業的新興力量。採取國際合作，應用社會資源，是永續經營規則，而不是短線操作，才能增強文化產業效益。（黃光男，2003）

本研究觀察，國際博物館界早已注意到博物館與觀光產業之聯結此一議題。聯合國教科文組織國際博物館協會（ICOM）1977年將5月18日，定為「國際博物館日（International Museum Day）[2]」，其

---

[2]　主旨在發揮博物館在社會、文化與科學技術發展方面積極作用，以增強世界各國人民相互理解與緊密交往。從1978年開始每年慶祝，國際博物館協會期望全世界專業博物館，將國際博物館日此一機會作為率先行動跳板，增進公眾對其工作支援，引起國家行政機關對博物館能

中，2009年國際博物館日主題，即設定爲「博物館與觀光旅遊（Museums and Tourism）」，全世界舉行活動，展現博物館作爲文化觀光要角之能量，媒合文創產業，博物館經濟學已蔚爲文化新顯學。

圖51　美國首府華盛頓特區史密森索尼機構（Smithsonian Institution），涵蓋自然史、航太科學、美國史等多樣性博物館，其博物館商店亦設計有如非洲白虎、兒童太空裝、女權海報T恤、甘迺迪總統複製椅等商品，增添文創觀光購物之趣味性

圖52　澳洲政府將音樂廳、博物館、美術館列爲文化創意產業範疇，圖爲雪梨歌劇院（左）與澳洲人類學博物館（右）

量及需求的注意，鼓勵專業和非專業人士對話。1992年更決定，每年博物館日設一個主題，為博物館的努力和創新提供一個核心，期能引起國際關注博物館所做工作。

　　然而，當下未見博物館在臺灣作爲文化創意產業核心一環的重要的突破。文化創意產業的年代，城市鄉鎮需要展現自己文化容貌與風格，以強化競爭力與居民榮譽感，各博物館館所營造的特色，正是聚焦城鄉印象的重要人文風景。在關注文化媒合觀光的聲浪中，「全球在地化」已成爲國家競爭力展現，如何運用博物館此一載體，設法形塑在地文化聚焦成爲城市文創觀光亮點，成爲重要議題。

㈡ **整個城市就是博物館**

　　若銜接博物館觀光，經高雄市政府觀光局統計分析，舉例而言，100年有統計之高雄觀光景點前十名依序爲：⑴旗津海水浴場、⑵佛光山、⑶國立科學工藝博物館、⑷蓮池潭、⑸駁二藝術特區、⑹澄清湖、⑺打狗英國領事館官邸、⑻高雄市文化中心、⑼壽山動物園、⑽高雄市立美術館。2012年度參觀人次前十名則爲：⑴佛光山、⑵旗津海水浴場、⑶駁二藝術特區、⑷國立科學工藝博物館、⑸蓮池潭、⑹打狗英國領事館官邸、⑺高雄市文化中心、⑻澄清湖、⑼高雄市立美術館、⑽壽山動物園。（高雄市政府觀光局，2016）。

　　目前如高雄市立歷史博物館、高雄市兒童美術館、駁二藝術特區、武德殿、打狗英國領事館文化園區等，除了常態穩定經營，更是高人氣館舍，爲高雄市文化風貌增添豐富的文創觀光資源與文化多樣性。

　　特別受注目的是，高雄市亦有非地方文化館輔導點之如高雄市勞工博物館等館舍，更有佛光山佛陀紀念館，自2011年底開館後，成爲高雄市最受注目之超人氣博物館，本研究建議，以政策資源分配而言，該館因屬著名宗教基金會籌設，其經費來源無須由高雄市政府「博物館及地方文化館整合發展計畫」申請，避免資源排擠效應，但可望成爲高雄市各館舍聯結博物館資源之主要合作對象。「北故宮、南佛陀」是目前全臺灣最受歡迎之兩大博物館，有其代表性與重要性，高雄市博物館群應納入聯結網絡，促成合作。

圖53　佛陀紀念館為當下臺灣超人氣館舍，圖為其加入國際博物館協會（ICOM）
　　　認證成為會員

　　此外，如主打文創的駁二藝術特區、古蹟再生的打狗英國領事館
官邸、展演匯集的高雄市文化中心，以及國立科學工藝博物館與高雄
市立美術館等館舍，皆為高雄市參觀人數居高之館舍，其他如高雄市
立歷史博物館、美濃客家文物館等皆在觀光統計之內，各種不同類型
主題的博物館舍，皆加添高雄市博物館觀光多樣資源。

　　本研究建議，未來高雄市可建構「整個城市就是博物館」版圖，
輔導公有與民間之各館媒合周邊文化景點、古蹟及歷史建築甚或吃喝
玩樂生活相關等，致力於點線面概念推廣，朝向集體行銷發展，透
過各個文化館「點」的各自發揮，經由「線」的串連，再達到整個

「面」的整合，融入在城市生活的每一個層面。打造高雄城鄉「博物館文創觀光」點線面版圖，應爲未來高雄市博物館政策重點之一。

二、串連博物館「多樣性」，促進文化平權與多元參與

㈠深化「核心館」帶動「衛星館」策略

　　依據文化部「推動博物館與地方文化館整合發展計畫」，舉高雄市立歷史博物館爲例：期望以高雄市立歷史博物館爲核心，以其博物館專業，帶領、支援、協助其他館舍，歷年已完成高雄歷史資訊平臺、落實高雄市史料專區圖書建置、文物典藏管理系統更新、推動社區參與館舍活動、提升兒童歷史常設展之服務等。配合「博物館法」立法通過，可採整合式發展，充實博物館之典藏、展示、教育、研究等四大功能，相互合作，擴大博物館可發揮之社會功能。

圖54　文化部「推動博物館與地方文化館整合發展計畫」，舉高雄市立歷史
　　　博物館爲例（資料來源：文化部簡報截圖）

　　本研究觀察，高雄市博物館逐漸興起，以1998年正式成立的高雄市立歷史博物館而言，將古蹟再利用，結合居民對在地的記憶與情感及其建築物本身的歷史價值，使高博館成為賦予城市與旅人更豐富的體驗及文化涵養之場域，本身亦主管皮影戲館等館舍，以城市歷史為題成為高雄市核心館之首，且周邊愛河文化流域亦有可觀，包含高雄市電影館、高雄市勞工博物館。

　　經本研究探查，高雄市立歷史博物館近年皆以史博館為核心館，串連其所屬的衛星館舍（如高雄市皮影戲館、戰爭與和平紀念公園主題館等），建議以專業博物館評量標準進行檢驗與扶植升級，配置相關人力與經費，並藉由中央經費補助打造核心館帶動衛星館之整體提升效益。

　　除上述以「歷史」為主題的核心館帶動衛星館外，從駁二藝術特區聯結其他與「藝術」有關之衛星館舍，可成為另一個以「藝術」文化創意觀光為主軸的博物館提升或整合協作平臺；而如「文化資產」活化的打狗英國領事館文化園區、旗山生活文化園區、鳳儀書院、武德殿等，皆能依地緣或主題，整合為一個又一個以「文化資產」文化創意觀光為主軸的整合協作平臺計畫，將成為高雄市另一文創觀光亮點。

㈡因應社會老年化，著墨資深公民參與及銀髮經濟

　　有鑑於政策須考量整體臺灣大環境社會結構，博物館政策也不例外，依據國家發展委員會2014至2061年人口推計報告，臺灣未來環境將面臨人口快速老化問題。醫療技術、環境衛生等的進步，平均餘命增加。2015年5月六十五歲以上人口達二百八十六萬人（占總人口12.21%），將於2018年邁入高齡社會，2025年邁入超高齡社會。

　　臺灣社會面臨高房價、高齡化與少子化對臺灣的挑戰，2015-2016為臺灣總人口高峰，約2360萬人，到2060年人口降低到1818萬人，總人口將減少543萬人，65歲以上高

齡人口占41%。2010年主計總處統計空閒住宅有19.4%，總住宅存量807.4萬戶。2015住宅存量840.8萬戶，較2010年之807.4萬戶，增加33.4萬戶，期間總人口增加28萬人。以每戶2.79人計，28萬人約需10萬戶，故約新增20餘萬戶新空閒住宅，空閒住宅比率應在20%以上。臺灣未來45年將是「人愈來愈少也愈老、空閒資源愈來愈多！」高房價讓都會經濟弱勢老人家屬的共住扶養或鄰近扶養困難。建構都會終身型在地老化安養社區困難。高房價讓年輕人參與建構終身型安養社區阻力增加。高房價讓青年投入社會從鄉村或都市老舊頹敗地區開始之比例提高，社區營造於都會開展不易。（中華民國國家發展委員會，2015）

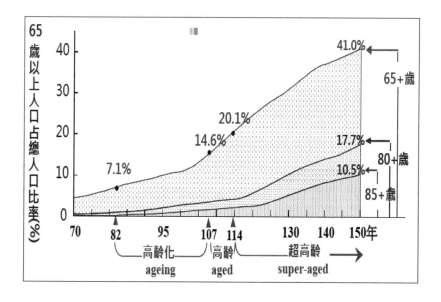

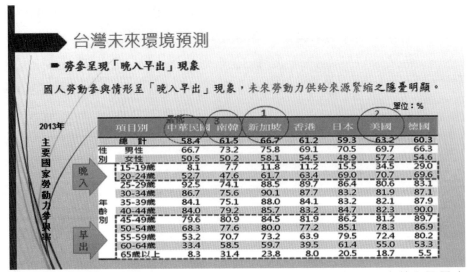

圖55　中華民國人口推計報告（2014至2061年）（資料來源：中華民國國家
　　　發展委員會簡報截圖）

　　從上述二圖可知，少子女化加速社會結構的改變，少子女化：晚
婚及經濟、思想改變，育齡婦女生育數快速減少，2014年僅1.16人。
工作年齡人口於2015年達高峰後，快速下降。雙重效應：加上前述
平均餘命增加，整體社會結構快速轉變，家庭負擔沉重，未來勞動力
供給來源緊縮之隱憂明顯。

　　本研究以為，可借鏡他山之石，日本博物館因應老年化社會走
向對臺灣有可參考之處，舉例來說，「參與型博物館」已經成為日
本博物館界相當重視的方向。博物館員不再閉門造車，也廣納社區
資源，並透過參與和互動活化博物館，並且活絡當地的活力。比如
「大阪市立住居博物館」設在大樓內，由建設局設置，規劃住居情景
復原，有堅強的志工團，主要由老人組成的百餘位義工，把博物館
視如己出，不只當義工，館方為強調多元參與，更讓其主導活動設
計。

圖56　大阪市立住居博物館有堅強的老人志工團並參與活動設計

　　而日本愛知縣的師勝町也有自己的社區博物館，從切合在地居民的需求出發，師勝町歷史民俗資料館以圖書館為主要館室配合歷史資料館落實社區民眾使用功能，而一般博物館的教育工作多是以親子或學童為推廣對象，但是這個博物館卻能順應該社區以老人居民達三分之一之人口數，發展出不同的博物館經營方向，加上該町本身就以「創造充滿舒適、安樂、親近、關懷得居住環境」為訴求，博物館活動以社區民眾參與為主要考量。

　　值得一提的是，因應人口老化，師勝町歷史民俗資料館以社區資深公民為優先考量，首開日本將「回想法」引入博物館先河。該館以自創「回想法」的展示手法，透過展示昭和時代的文物，如電器、玩具及其他日常用品，以局部情境復原的方式呈現，引發觀眾情感上的共鳴，更藉這樣的展示手法配合教育活動，讓高年齡者或老年痴呆者在參觀時，藉由觀看或接觸過去生活中的事、物喚起以往的記憶，在尋找以往記憶的同時，亦可以活化腦部機構，以達到預防及治療或防止記憶退化的問題。除此之外，文物的展示也可以教導社區居民對於文化資產有正確的認識與態度，而資深公民的實際參與，包括博物館的導覽活動、文物的捐助拉近了博物館與居民間的距離。

　　本研究建議，中高齡族群，是由「多樣化小眾」所組成的「大眾」，文化治理應致力了解各種小眾「多樣性」，前瞻老年化以銀髮

經濟為主力的新時代，未來高雄市博物館文化展演設施政策除在多元參與外，更應多著墨了解超高齡社會的消費行為學，打造銀髮商機，在許多博物館產業發達的國家，常常銀髮族是博物館最主要的觀眾來源，其在歐美或日本博物館高價的餐廳也都常見滿頭銀髮的資深公民消費。「文化多樣性」原已包含資深公民的多樣性此一面向，為時勢所趨，值得多所關注與回應。

圖57　師勝町歷史民俗資料館有濃厚的昭和懷舊風，圖為其展示與「回想法」用具

　　總言之，博物館為「舶來品」，以西方博物館脈絡而言，西方傳統博物館在時代扮演角色，其與收藏關係密切，從古羅馬富豪收藏之風，到中世紀教會保存之效，博物館概念具貯藏所特性，是從事學術

場所，而從對外公開程度觀察，顯示早期博物館僅以社會菁英為服務對象。18至19世紀民主運動推波助瀾，對博物館產生影響，歐洲許多國家級博物館陸續出現，亦反映支持博物館事業之國家榮耀意圖，以及教化人民功能。直到1970年代，國際博物館界，開始對傳統現代主義式博物館種種流弊，諸如過於貴族菁英色彩、強勢主流文化導向，產生諸多反省。歐陸「生態博物館（Eco-Museum）」運動理念，引發風潮，1980年代，有關博物館詩學和政治學（Poetics and Politics）論述豐富，一股擴及世界的「新博物館學（New Museology）」思潮展開，自此強調媒合觀光產業，提供公共服務（博物館餐飲、博物館商店），注重多元文化，以人為本、關注環保生態、社區社群，與尊重「文化多樣性（cultural diversity）」等觀點，隨時代腳步，影響當代博物館文化論述與經營理念。

　　21世紀初是一個聯繫性（connectivity）的時代。博物館是嶄新的關聯互動世界中最積極的參與者，因為我們（博物館社群）代表歷史文化與知識，且擔負著呈現關鍵價值的可靠資訊。博物館以動態觀點來呈現社會與社區，搭起橋樑以協助所有不同年齡、背景、國籍與地方的觀眾互相了解。每次參觀博物館都是一趟新思維與學習的旅程。（American Association of Museums, 2010）

　　對照西方博物館歷史上，博物館對科學、藝術與民主社會具有傳播力量，有論者以為，博物館的演進腳步訴說著「博物館是文化載具」（徐純，2008），西方博物館的擁有權（ownership）從早期貴族階級，而後菁英分子，到中產階級，而至於每個人」（Nelson Graburn, 2012）。現今博物館從威權解構而來，當下逐漸呈現的「文化多樣性」趨勢，正是臺灣在全球博物館版圖中，可彰顯努力之處。

綜上所言，本研究建議，高雄市應配合中央政策之脈動，打造高雄城鄉「博物館文創觀光」點線面版圖，並串連博物館「多樣性」促進文化平權與多元參與，為「創意城市」之打造，提供豐沛能量。

第三節　誰的城市？誰的文化？

一、臺灣城市的脈絡比較：高雄／臺北、中央／地方

依前述第五至八章分析，本研究藉由歷史的文化資產文獻史料分析，歸納為早期前溯歷史的文化治理缺頁，「平原屯墾‧漁村開港」：史前、荷據、明鄭、清領（史前-1895）、「帝國高雄‧南進基地」：日本殖民統治時期（1895-1945），到「重化產業‧經濟奇蹟」：省轄市治理時期（1945-1979）。研究發現官方文化治理直到1789年高雄市升格院轄市後，方有顯著之文化機構設立，與藝文活動的官方施政，其間又可區分為較前期「工業大城的文化點綴」（1980-90年代），到近十年間的「海洋城市的文化操作」（1998-2010）。而後進入2010年縣市合併，有專責單位高雄市政府文化局與觀光局，進行文化創意產業與觀光之推動。

相較於高雄城市文化治理，學者王志弘曾針對1967年升格直轄市後的臺北市文化治理分析為三階段：第一階段「精神建設」：中華道統與道德領導權（1960s-1970s中期），第二階段「富而好禮」：精緻藝文消費與自然遊憩（1970s後期-1990s初期）與第三階段多元文化政治：歷史地方重塑、文化經濟與全球競爭（1990s中期-2002），近期臺北市的文化政策宣示與措施：突顯多元族群文化、庶民記憶與城市書寫、擴大史蹟範圍與閒置空間再利用、節慶奇觀與文化產業、強調社區藝文與地域文化特性、全球聯結及其文化想像，文化治理模式的特質為「文化是意義與認同爭論的場域」（王志弘，2003），通篇在探討都市政治的文化戰場。

相較於該文呈現的臺北市文化治理脈絡，本研究觀察，臺北市

1960至1970年代中華道統的國族想像時期，此一文化政治關注與城市空間呈現，全臺灣特別明顯集中於中央政府所在的臺北市，如臺北中正紀念堂、國立故宮博物館[3]為明顯案例，而高雄市與臺灣其他地方（中部、離島、東部等）施政雖亦符合大時代脈絡，如高雄市立中正文化中心於1970年代籌畫，1981年啟用，但相較臺北首都而言，中華國族認同的痕跡較有限。

圖58　中央政府所在的臺北市有較多強調中華國族認同之空間，圖為中正紀念堂與國立故宮博物院

　　此外，高雄市與臺北市文化施政上的明顯不同在於，因應可應用之人力與經費等文化資源不足，以致城市文化施政常須仰賴中央經費挹注，故和中央政府文化主管計畫關聯性較大，如全國文藝季以降的縣市文化節、福爾摩莎藝術節等、地方文化館計畫、社區營造相關計畫等，皆與中央對應地方政府的全國性施政計畫有明顯關聯，然臺北市則和中央計畫未必有清楚聯繫，甚或在中央與地方政府執政黨不同時會刻意不同調，以突顯區隔。

3　吾人觀察，博物館的歷史常和「國族認同」有著緊密的聯結，許多國家透過博物館的設立，產生一種文明化的儀式，藉此產生對文化的認同。因應「國族主義」而傳承的博物館，以1965年在臺北外雙溪復館「國立臺北故宮博物院」為標竿。

　　除此之外，若以北、高兩市升格直轄市後進行比較，1967年臺北市升格，十二年後，高雄市於1979年升格成為臺灣第二座直轄市，然其間差異的不只是十二年的先後順序造就的城市發展，也含括中央與地方引發的衝突，此一部分以港市分屬最為顯著：

> 1945年二次戰後，國民政府接收臺灣，同年11月8日於高雄設縣轄市，高雄市政府成立，首任市長連謀，1946年市政府無力負擔龐大的維修費用，遂將高雄港轉給省政府統籌辦理，從此也埋下後來市港合一爭論的議題。（吳連賞，2005）

　　從早期市港空間嚴格管制，中央政府長期著眼於開發高雄市工具性利益，民眾對純經濟掠奪式政策的不滿，在近年來港口解嚴親港空間的開放，藝術與文化的介入更成為城市行銷的重要環節，如前述提及之「高雄國際貨櫃藝術節」的舉辦，然而，港口與城市的衝突仍在，如行政院「海洋與流行音樂中心」（原南部流行音樂中心）設於港務局碼頭所引發的多次異動[4]，而2014年7月31日23時56分，高雄市區發生石化連環氣爆工安事故，更突顯高雄市作為臺灣重工業大城無法隱藏的城市產業結構。

　　值得關注的是，以聯結港灣親水城市的文化治理為高雄市施政趨

---

[4] 多次改變計畫內涵的「海洋文化及流行音樂中心」計畫案原為行政院2003年推動之「五年五仟億──新十大建設」計畫之一，2005年文建會將計畫更名為「流行文化產業中心」，其後於2006年經建會審議會議決議將計畫修正回歸定位為流行音樂中心，並確認將於臺北及高雄各設一處。高雄基地因碼頭調整及航商反對等因素，一再變動。至2008年10月協商確定於高雄港碼頭進行整體規劃開發，經建會則於2008年將流行音樂中心計畫南北二基地分案處理，並先行核定北部流行音樂中心計畫，同時要求南部高雄基地須納入「愛台十二建設─海洋科技中心」功能，經2009年1月21日及2009年5月6日經建會兩次研商並請高雄市府調整計畫內容後，8月3日委員會議通過，於2015年開始興建。

勢，若對照國際許多工業港灣城市的再生，常因應於港口發展與重工業優勢不再，故須積極轉型，然高雄市與其他港灣城市如雪梨、橫濱等不同處在於前述高雄港隸屬中央政府，而非屬於高雄市政府管轄，當港口的優勢不再時，反倒使中央政府願意讓開放碼頭與市府合作成為可能方案，卻讓城市市民有了親港空間與相應帶來的文創觀光展演。

近年高雄市提出各種文化方案，其中，以聯結港灣親水城市的文化治理為施政趨勢，諸如高雄市於2013年9月舉辦亞太城市高峰會（2013 APCS），特別於港灣碼頭區舉辦「高雄之夜」，邀請高雄全球代言人五月天演唱；10月辦理「黃色小鴨遊高雄」，地點皆在市府規劃之市政重點高雄經貿園區的核心區「亞洲新灣區」碼頭區域，期帶動高雄市影視產業、數位內容、會展、文創、水岸觀光業與遊艇產業的推展，象徵高雄正在進行城市轉型。這些大型展演，造成觀光產業新風潮，可觀察高雄市試圖朝向文創與港灣城市觀光結合之城市治理邁進。

> 從區域分工的角度，高雄市從日據時代以來即與臺北市建構起區域分工的生產模式。臺北市扮演經營管理決策與金融資本的提供，而高雄地區則扮演技術、勞力與交通轉運中心。然而長期來高雄在全球分工上是屬於邊緣的角色。經濟利益歸屬臺北市，環境污染的社會成本則歸屬高雄市。讓高雄地區為國家經濟發展而犧牲了生活環境品質，此點值得高雄城市發展的反省。……高雄市在某種程度上被視為臺灣民主的搖籃，高雄市民在本質上對威權有某種程度的叛逆性。這種對威權對抗的氛圍假如能移轉到要求傳統、習慣、生活文物各種事物改變的氛圍，則創新的市場需求就有可能形成。當然這種轉

變不一定能自然形成，若能經妥善地規劃，以各種媒體
透過輿論、討論會、文宣品等來形塑地方的價值體系，
或許能培育地方的創新氛圍，讓某些產品以高雄作為新
產品實驗的競賽場地，這才有可能以高雄作為研發、設
計、行銷的「加值再出口」生產鏈，使高雄向更高階的
世界城市體系邁進。（何東波，2002）

二、國際城市的對照觀看：高雄／格拉斯哥、經濟／文化

　　若從臺灣城市比較，延伸至國際城市脈絡比較，本研究觀察，
1980年代以來，藝術活動的潛力，作為都市再生的一個工具被廣泛
討論。聯結文化／都市旅遊、藝術／城市行銷概念，在銷售商、都市
計畫者和文化決策者間引起流行。學者Garcia（2004）曾探討英國蘇
格蘭格拉斯哥，爭取前述第四章創意城市論述，提及的1990年「歐
洲文化城市」，作為都市再生的理想激化劑。

　　該文提及相較於之前幾屆已獲「歐洲文化城市」榮譽的皆為知名
度甚高的文化大城，諸如1985年雅典、1986年佛羅倫斯、1987年阿
姆斯特丹、1988年西柏林、1989年巴黎，已以文化聞名於世，不用
特別規劃什麼城市文化主題活動。

　　相對於此，格拉斯哥當局在辦理「歐洲文化之都」，須刻意設定
城市標題，並承諾資金，與生產一個空前的大計畫，加速對市中心發
展的大多數計畫，如1980年代以來包括新格拉斯哥音樂廳、麥克萊
倫畫廊、廢棄大樓轉變為前衛藝術展演場，企圖在於吸引外部參觀
者、遊客和企業投資。其主要訊息在於傳遞格拉斯哥在歐洲，是一個
可以和其他之名城市相比較的文化城市。

　　辦理歐洲文化城市，確實造成格拉斯哥城市圖像的徹底轉變，由
失業、酒精中毒的城市轉變為一個設計的建築的城市，有具商務吸引
力的觀光會展，成為一個文創藝文中心城市，城市圖像改變也導致地

方藝術家和產業恢復自尊與對城市的信心，且該市旅遊董事會宣稱在1991年至1998年間，到格拉斯哥的英國國內參觀者增加88%；國外參觀者增加25%。

然而，在有助改變國際形象，並成功加速對內投資的表象外，格拉斯哥辦理歐洲文化之都，亦被批評為僅為了少數特權利益的大型國際或國內企業，而掩蓋對格拉斯哥大多數工人階級的關心，且呈現的藝術活動剝奪社區角色扮演與能見度，忽略本地文化真實，顯然不能成為描述城市本地文化的一個平臺。Garcia, B.進而指出格拉斯哥模式「是一個經濟而不是一個藝術策略，是城市美化而非企圖探索城市的現實⋯⋯。城市所有權與代表的問題，在都市再生過程中是一個待決的議題」（Garcia, B., 2004）。

本研究反思，與格拉斯哥同樣以較多藍領勞動工人組成的高雄市，城市的真實又是什麼？

從本研究第五、六章縣市合併前後對高雄市文創產業與觀光各項觀察，加上高雄市近年來的各種文化方案，力推大型國際展演，官方文宣亦將「迎向全球化，邁向國際舞臺」國際文化交流作為當前推動主要方針，確實逐步改造城市文化意象，卻亦被評論為過於白領化。

另如同多數大規模事件為城市尋求再生，集中於奧運、世界杯兩個運動中的任一，或者技術展示櫥窗如世界博覽會。諸如格拉斯哥、雪黎、巴塞隆納等城市，辦理大型賽事再造後工業城市之模式。以臺灣的國際外交政治現實，在申辦國際大型活動有其困難，高雄市其以臺灣第二大城的城市焦點全力配合，已於2009年成功完成僅次於奧運的國際第二大綜合性運動賽事「世界運動會」，總會主席朗佛契（Ron Froehlich）更公開宣示「高雄世運是史上最成功的世運」，對高雄世運給予極高評價。騎機車的「電音三太子」傳統民俗創新演出，所聯結的臺灣意識文化認同，「台客」語詞的翻轉（蘇明如，2014），至今未歇。

然而，文化贊助在短暫大型城市節慶活動的聚光效應，或是投資

城市較久基礎如博物館、文化資產等文化空間設施，兩者皆重，但往往資源有限不夠分配的文化政策兩難，一直是沒有答案的長久問題。

> 在這些方面我們時代的文化戰爭，大都是有關文化資源如何被部署及經營……他們在社會層面上，在這些背景下，及其他社區的環境下，如何被駕馭。（Bennett, T., 2000）

而以多數勞動工人為主體的城市文化相關施政而言，目前高雄市雖有設立勞工博物館，但博物館在本質上有其西方移殖的規訓調性[5]，並牽涉到誰擁有「文化資本[6]」此一議題，呈現的是怎樣的眞實？更牽涉到傳統菁英象徵的博物館「如何展現眞實性」的大哉問。

---

[5] 現代主義博物館起源於19世紀初的歐洲，是政府為提升國民福祉所設的公立機構，其宗旨在展示藝術、歷史或科學上具學理基礎的權威性展品，並為專門的知識與文明的行為設立典範。現代主義博物館的風格呈現，除了視覺上的嚴謹外，還結合「專家指導門外漢」這種正規的教誨心態。

[6] 「文化資本」為法國文化研究代表學者皮耶・布赫迪厄（Pierre Bourdieu）所提出，其認為：「美學判斷並不遵照某種客觀的、自足的美學邏輯—相反的，階級區分取代了品味，因而更加強了階級之間的劃分且肯定了統治階級有權力將他們的權威加諸其他階級之上。」文化資本意味閱讀和了解文化符號的能力，此種能力在社會階級中分布的並不平均。勞動階級擁有的文化資本微乎其微，並且在文化權力的戰爭中系統性地節節敗退。當文化資本被投資在品味的運作上，便為其持有者生產出極高的效益和「合法性效益」，再度為統治階級之所以為統治階級做辯護，為其合理性做辯護。布赫迪厄認為觸目皆是的社會不平等卻沒有遭到有力反抗，正是因為統治階級改變了統治策略，不再進行粗暴愚蠢的身體強制，而是改以外表溫和的文化控制。而文化研究者應當去僭越，打破既有存在人心的刻板觀點，省思各種形成與再製的關係。

　　此外，高雄市政府雖另設有原住民委員會、客家事務委員會等之局處分工，但文化局在應對當代文化研究所關注的，族群文化認同或再現等關鍵議題上，相對較無著墨。

　　若以多樣性的族群聯結「文化多樣性」促進文化平權與多元參與而言，多元族群通常用來描述一個社會或國家，由於移民而導致的文化族群的多重性。根據行政院原住民族委員會（2016）公告原住民族約有五十三萬人，占總人口數的2%，目前經臺灣政府認定的原住民族有十六族，各族群擁有自己的文化、語言、風俗習慣和社會結構，是歷史與文化的重要根源，也是獨一無二的美麗瑰寶。以高雄市而言，近期認定的兩個族群「拉阿魯哇族」約四百人，主要在高雄桃源區與那瑪夏區，以及「卡那卡那富族」約五百二十人，居住於高雄那瑪夏區，增加高雄族群多樣性。

　　本研究觀察，「族群觀光」（Ethnic Tourism）聯結從「文創觀光」到「文化多樣性」兩個議題，為現今產官學界關注焦點，然近年臺灣各地發展「族群觀光」，許多相關議題備受爭議，本研究以為，對原住民族的「刻板印象」是當前需要被重視的議題，這也是前述提及如小林平埔族群文物館、那瑪夏原住民文物館能致力促進多元族群文化的真實展現；而新住民、各國度來臺灣工作的國際移工的文化呈現，在多樣性的文創觀光的展現，更是未來時代趨勢。

　　綜上所言，高雄城市的文化治理企圖再現的是怎樣的文化組合，怎樣的多元族群？怎樣的布爾喬亞？怎樣的勞動工人？關於城市如何利用文化作為經濟基礎，如何以文化創意產業聯結觀光，定義城市形象，仍待持續深究。

三、研究總結

　　綜合前述各章節，歸納研究總結如下：

　　其一，本研究從臺灣文化創意產業政策歷史做全面性彙整，從1990年代政策背景、2002年政策提出、中央與地方政府範疇變遷，直到政策法制化，2010年《文化創意產業發展法》公告施行，盡可

能完整呈現此一階段政策演變之各種遞擅，爬梳政策歷史。

　　其二，商業價值並非致力於發展「文化多樣性」的聯合國教科文組織，其推動文化產業之唯一考量。研究指出，文化創意產業與全球文化多樣性之關聯，更是之所以需要重視文化創意產業的眞正理由，絕非是純以經濟掛帥，或是捨本逐末地忽略經濟產值較有限的文化藝術核心產業，是故，保障「文化多樣性」的延續與創新，是臺灣文化創意產業施政，應回歸本質，重新著力之處。文化部門應檢視業務執掌通盤考量，整合性全面提升文化能量。進而建議，藉由文化創意產業政策的推動，開展臺灣的「文化多樣性」，是臺灣可以努力並與國際聯結之面向，值得多所關注。

　　其三，無論是Charles Landry與Richard Florida關於「創意城市」的論述，或是聯合國「創意城市網絡」與歐盟「歐洲文化首都」，都一再提及「多樣性」，作爲創意城市的重要指標，其關注焦點皆爲「文化多樣性」，故研究建議臺灣城市轉型應將開展「文化多樣性」納爲關鍵價值。

　　其四，聯合國「創意城市網絡」與歐盟「歐洲文化首都」皆在建構「創意觀光（creative tourism）」與發展文化旅遊上，讓城市以自己的創意優勢與文化資源吸引遊客。文創觀光對於城市轉型發展深具意義，爲時代趨勢，值得臺灣社會多加關注與實踐。

　　其五，在案例分析上，針對政治、歷史、社會、經濟脈絡下的高雄城市文化治理爲主要分析對象，從早期前溯歷史的文化治理缺頁，「平原屯墾・漁村開港」：史前、荷據、明鄭、清領（史前-1895）、「帝國高雄・南進基地」：日本治理時期（1895-1945），到「重化產業・經濟奇蹟」：省轄市治理時期（1945-1979）。官方文化治理直到1789年高雄市升格直轄市後，方有文化機構或藝文活動的官方施政，其間又可區分爲較前期「工業大城的文化點綴」（1980-90年代），到近十年間的「海洋城市的文化操作」（1998-2010），以至縣市合併後高雄市發展文創觀光等面向，做一歷史爬梳，並對照高雄市與臺北市，以及英國格拉斯哥等城市進行比

較，可藉由研究成果了解高雄市城市文化治理與試圖轉型之脈絡。

其六，從Landry的創意氛圍、Florida的創意經濟四T理論，與國際工業城市轉型案例來看，人才確實是創新來源與經濟發展之推手，更是創意城市的靈魂中樞；而能容許實驗、具包容性與多樣性的空間更是人才搖籃。未來可望在文創設計人才與文創空間政策、博物館展演設施政策，以及其他文創產業各個範疇，多加著墨。

文化為控制城市的主要力量。（Zukin, S., 1995）

本研究觀察，以文化政策而言，政府對文化事務的干預治理，應為了社會的公平正義，方能彰顯其公共性與正當性。由是省思，文化治理應避免做權威價值複製的共犯，在每一個文化施政或法規的制定之時，皆能提醒邊界如何劃定，納入被排除在外的非主流聲音，即或每一次的框劃都仍會有被排除於其外被忽視的角落，仍應一次又一次地進行消融文化邊界的努力。

誠如文化政策學者吉姆・麥奎根（Jim McGuigan）探討在傅柯「治理性」[7]之外，強調文化政策研究更應彰顯批判的重要性，主張

---

[7] 相對於本研究一開始提及另一著名文化政策研究學者班奈特（Tony Bennett）所主張的從傅柯「治理性」理論尋求文化政策的支持，麥奎根認為班奈特訴求「朝官署前進(toward the bureau)」，介入政府文化政策分析提供價值，但傅柯卻常被許多追隨者視為某種無政府主義者。他認為傅柯拒絕將其細緻而令人注目的權力分析，立基於批判性評價的常軌上，導致其著作在詮釋和應用上呈現極端不同的樣貌。實際上，無政府主義者傅柯成為文化部門管理諮商的理論來源，實是看似合理卻又詭異的事（McGuigan J., 1966）以文化、知識與權力的弔詭而言，傅柯論述權力是自主的、多重的和匿名的，權力不是指意圖影響他人，權力也不能被擁有。因此，解構社會知識必須論述真實歷史歷史條件之下，權力在司法、行政、經濟和宗教等網絡中，如何轉化、換置和延展，並形成範圍廣被和力量強大的支配性效果。其間，主體只是歷史和社會權力實踐的效果，因為，管理自己身體、靈魂、思想、行徑和生存新態的技術是鑲嵌在教育、輔導和社會工作等教化機構的生產技術、符號系統技術，和權力

從德國思想家哈伯瑪斯（Jurgan Habermas）的「公共領域[8]」理論切入文化政策研究，「公共領域」乃是「非政府意見形成的場域」。「它的目的乃在於反抗王權的幽晦政策，經由此，政府活動的民主控制始成為可能。」麥奎根進而主張哈伯瑪斯的溝通行動概念，可作為理解一般人日常生活中苦痛磨難的實際情況之基礎。以「民主平等主義」批判價值來呈現他自己的分析，像是所提被應用至具體文化政策議題上，包括如文化經濟、文化認同、公民身分等問題。本研究以為，高雄市的城市文化治理，是必在官方書寫之外，不斷納入民間公共領域促進公民參與。

　　綜上所言，高雄市港灣城市地理特性，一直以來成為許多異質文化進入臺灣的起點，文化性格應當是多元文化的融合積累，但歷史中的官方文化治理，仍未明顯呈現「文化多樣性（cultural diversity）」價值。

　　是故，本研究建議，未來高雄市有必要將「文化多樣性」納入施政之中，方能在當下全球多元文化與創意城市之趨勢中，提升城市位階。因創意城市成功關鍵，在於發展濃厚人文氣息，強調開放與多元，有個性風格、有全球視野與在地精神的地方，才能吸引創意人才匯集，更是發展文創觀光城市之必要條件。如是觀之，高雄市未來文化治理，需要更多元化，對差異容忍度更高，以及吸引並栽培跨領域

　　　技術。透過這種自我技術，傅柯認為，民眾自動的認識自我、檢驗自我、懷疑自我和表白自我，並不斷地馴化自己的身體和淨化自己的靈魂，終究被社會權力所收納。

[8]　公共領域的第一要義，指的乃是我們社會生活的領土，某種得以變為公共意見的東西在此形成，並確保所有公民都可以接近。它是經由言談而讓「私個人」（Private Individuals）形成「公共體（Public Body）」。他們不像做生意或專業人士討論私人事務，也不像政府官僚在憲政秩序下受到法律之約束。公民們以「公共體」的方式行動，在集會結社和言論自由的保障下表現及發表關於一般利益之意見。對大的「公共體」，這種溝通即需要特定的方法來傳布消息和影響接收到消息的人，今日的報紙、雜誌、廣播和電視，都是公共領域的媒介（Habermas, J., 2002）。

人才，才足以面對複雜多變的未來挑戰，落實打造多元文化與創意城市環境，媒合文創觀光產業發展。

此外，高雄文化施政應致力提供「創意城市」所需要的寬容，也就是對多樣議題的包容力，打造多樣性，促進文化平權與多元參與。創意城市的獨特性更是首要經營重點。培育新血、吸引人才、多點式經營空間、藝文與商業平衡媒合，是工業城市朝向創意城市轉型之關鍵。未來應持續打造文創觀光與文化多樣性的環境，作為提供「創意城市」的養分之一。本研究期能拋磚引玉，為臺灣文化創意產業政策，以及高雄市與臺灣其他城市，提供省思文化治理走向之文獻。

> 如果你不知道你從哪裡來，你將不知道你自己的潛力在哪裡。——義大利新馬克思主義學者葛蘭西Antonio Gramsci（1891-1937）

參考文獻

一、中文部分

Adorno, T.W.（1998），文化工業再探，李紀舍（譯），文化與社會，臺北：立緒文化，p.318-328

Strauss, A. & Corbin, J.（1997），質性研究概論，徐宗國（譯），臺北：巨流（原著出版年：1990）

Barker, C.（2004），羅世宏（譯），文化研究：理論與實踐，臺北：五南，p.23-37

Benjamin, W.（1997），許綺玲（譯），迎向靈光消逝的時代，臺北：臺灣攝影工作室

Bilton, C.（2000年4月），專題演講：新政府新文化政策，英國貿易文化辦事處教育文化部系列活動，國立師範大學會議廳

Becker, E.（2014），吳緯疆（譯），旅行的異義：一趟揭開旅遊暗黑真相的環球之旅，臺北：八旗文化

Florida, R.（2003），鄒應瑗（譯），創意新貴：啓動新新經濟的菁英勢力，臺北：寶鼎，p.114-115、318、354

Hawkins, J.（2010），李明（譯），創意生態：思考產生好點子，臺北：典藏藝術

Marcuse, H.（2015），萬毓澤、劉繼（譯），單向度的人，臺北：桂冠（原著出版年：1964）

Habermas, J.（2002），曹衛東（譯），公共領域的結構轉型，臺北：聯經，p.235-303

Hyperain（2005），再談荷蘭土地與社會住宅政策，取自http://blog.roodo.com/smallq/archives/689894.html

Hall, P.（2009），童明（譯），明日之城：一部關於20世紀城市規劃與設計的思想史，上海：同濟大學出版社

Joll, J.（1994），葛蘭西，臺北：桂冠

Kivisto, P.（2007），陳宗盈（譯），多元文化主義與全球社會，臺北：韋伯文化，p.253-254

Landry, C.（2008），楊幼蘭（譯），創意城市：打造城市創意生活圈的思考技術，臺北：馬可孛羅文化

Marx, K.（1990），伊海宇（譯），1844年經濟學哲學手稿，臺北：時報（原著出版年：後人編印1932）

Martin, J.（1994），李健鴻（譯），阿多諾，臺北：桂冠

Pick, J.（1995），江靜玲（譯），藝術與公共政策，臺北：桂冠

Barthes, R.（1991），李幼蒸（譯），寫作的零度：結構主義文學理論文選，臺北：時報（原著出版年：1953）

Miller.T & Yudice, G.（2006），國立編譯館（譯），文化政策，臺北市：巨流

王佳煌（2010），文化／創意產業、創意階級／城市論著的批判性檢視，思與言，第四十八卷第一期，p.131-190

王志弘（2003），臺北市文化治理的性質與轉變（1967-2002），臺灣社會研究季刊

王俐容（2005），文化政策中的經濟論述：從菁英文化到文化經濟？文化研究創刊號，p.169-195

王俐容（2006），全球化下的都市文化政策與發展：以高雄市「海洋城市」的建構為例，國家與社會，第四十二卷第一期，p.125-166

中華民國國家發展委員會（2015），中華民國103至150年人口推計報告，臺北：中華民國國家發展委員會

中華民國畫廊協會、臺灣藝術發展協會（2004），創意藝術產業先期規劃報告，臺北：行政院文化建設委員會

中華民國國家圖書館（2016），臺灣博碩士論文知識加值系統，取自：http://ndltd.ncl.edu.tw/cgi-bin/gs32/gsweb.cgi/ccd=2UgXgA/webmge?Geticket=1

臺北市文化局（2007），臺北市文化產業資訊交流平臺文創藝站：

取自：http://hr.culture.gov.tw/

臺灣省手工業研究所（1996），文化、產業研討會論文集暨會議紀錄，南投：臺灣省手工業研究所

臺灣創意設計中心（2016），臺灣創意設計中心網站：關於台創，取自：http://www.tdc.org.tw/about01.htm

呂弘暉（2005），文化有價‧產業有理——高雄市文化創意產業記事，高雄：高雄市政府文化局

行政院文化建設委員會（1998），文化白皮書，臺北：行政院文化建設委員會

行政院文化建設委員會（2002），地方文化館計畫計畫總說明，臺北：行政院文化建設委員會

行政院文化建設委員會（2004），文化創意產業手冊，臺北：行政院文化建設委員會

行政院文化建設委員會（2007），磐石行動——地方文化環境發展計畫簡報，臺北：行政院文化建設委員會

行政院文化建設委員會（2008），磐石行動——地方文化館第二期計畫補助作業要點，臺北：行政院文化建設委員會

行政院文化建設委員會（2010），地方文化館評量工作手冊，臺北：行政院文化建設委員會

行政院文化部（2015），推動博物館與地方文化館整合發展計畫，臺北：行政院文化部

行政院原住民族委員會（2016），原住民族委員會全球資訊網，取自：http：//www.apc.gov.tw/portal/index.html

行政院交通部觀光局（2014），觀光政策，臺北：行政院交通部觀光局

行政院交通部觀光局（2016），2016施政重點，臺北：行政院交通部觀光局

行政院經濟部工業局（2004），創意生活產業計畫簡報，臺北：行政院經濟部工業局

行政院經濟建設委員會（2007），挑戰2008國家重點發展計畫，臺北：行政院經濟建設委員會

李小磊（2006），全球化趨勢下的大陸文化產業策略，兩岸文化行政與文化產業發展座談會論文集，臺北：中華發展基金管理會，p.11-19

李欽賢（2003），臺灣風景繪葉書，臺北：遠足文化

李義（2014），中時電子報地方新聞，走入人群駁二特區雙喜臨門，2014/04/17，取自：http://www.chinatimes.com/newspapers/20140417000655-260107

何東波（2002），後工業之高雄發展城市管理，第九屆海峽兩岸城市變遷與展望研討會論文集，台南

洪翠娥（1988），霍克海默與阿多諾對「文化工業」的批判，臺北：唐山

洪根深、朱能榮（2004），臺灣美術地方發展史全集：高雄地區（上、下），臺北：行政院文化建設委員會

吳連賞（2005），高雄市港埠發展史，高雄：高雄市文獻委員會

吳冠涵（2013），黃色小鴨‧歡樂奇蹟高雄製造，高雄畫刊縣市合併NO.19，高雄：高雄市政府新聞局

林讓均（2010），歐洲綠建築1 22@巴塞隆納，老工業區變身綠能與智慧創新區，遠見雜誌，291，取自http://store.gvm.com.tw/article_content_16620_1.html

財團法人國家文藝基金會（2007）國際藝訊：博物館成為英國經濟金雞母，取自財團法人國家文藝基金會：http://www.ncaf.org.tw/news/index_news.asp?ser_no=692

高雄市政府全球資訊網（2004），新任文化局長葉景雯今正式宣誓就職，宣示文化局未來將朝普羅大眾的「文化」及高藝術的「文明」兩大面向發展，市政新聞，2004年9月15日，檢索日期：2013年7月14日：http://www.kcg.gov.tw/CityNews_Detail.aspx?n=F71DD73FAAE3BE82&ss=D3E43713DDFF5AEF

8D6A6EA42BCE74B2F053E4054FC42FA1F7F615CAB948C7FC56DF66475418EDF9

高雄市政府全球資訊網（2005），文化局新任局長王志誠今上任，誓言推動城市閱讀、文化行銷及住民參與工作，打造文化質感兼備的海洋首都，市政新聞，2005年7月19日，檢索日期：2013年7月14日：http://www.kcg.gov.tw/CityNews_Detail.aspx?n=F71DD73FAAE3BE82&ss=E914A96DF320061F646ECC103B23123A9A38C6FBCE2B35B4435EC57E98E0027E43A41B6E82B02C27

高雄市政府全球資訊網（2008），高雄市府團隊人事調整，許銘春接新聞處長，史哲轉任文化局長，市政新聞，2008年9月19日，檢索日期：2013年7月14日：http://www.kcg.gov.tw/CityNews_Detail.aspx?n=F71DD73FAAE3BE82&ss=2FA4B74D6B95C7AA51BB8CFF1453885D4D804BAEF169BD389E2502B49DDD05EF33C0A3A377EDFAA8

高雄市議會（2016），高雄議事資訊整合查詢系統施政業務報告，取材：http://cissearch.kcc.gov.tw/System/BusinessReport/Default.aspx

高雄市政府觀光局（2011），城市視野——Sun、Sea、Smile 3S推動高雄觀光新世紀，高雄畫刊縣市合併NO.3，高雄：高雄市政府新聞局

高雄市政府觀光局（2016），高雄市政府觀光局觀光施政告http://www.kcg.gov.tw/Organ_Detail.aspx?n=B99FC8D1580CC317&ss=27111ACD14F708287770A5ACC14CE984

涂毓婷（2011），與五月天相約在高雄：高雄自由行四大經典路線，高雄畫刊縣市合併NO.5，高雄：高雄市政府新聞局

許功明（1998），博物館的展演及其理念，博物館學季刊，第十二卷第四期，台中：自然科學博物館

徐純（2008），文化載具：博物館的演進腳步，臺北：中華民國博

　　物館學會

張光民、張克源（2006），以設計綻放文化創意光彩，兩岸文化行政與文化產業發展座談會論文集，臺北：中華發展基金管理會，p.61

張啓芳（2016），1月9日，實踐大學玩創藝 大寮旅館最相思，中國時報

柳伶蓁（2013），公有閒置空間再利用，高雄市議會全球資訊網，取自：http://online.kcc.gov.tw/ct.asp?xItem=12111&ctNode=687&mp=1

黃光男（2003），博物館能量，臺北：藝術家，p.92、101、105-107

黃光男（2007），博物館企業，臺北：藝術家，p.22-23

黃光男（2011），詠物成金：文化・創意・產業析論，臺北：典藏，p.49-50

黃世輝（2006），向左走？向右走？地方傳統文化產業的轉型與迷惘，兩岸文化行政與文化產業發展座談會論文集，臺北：中華發展基金管理會，p.49

曹晟、唐子來（2013），英國傳統工業城市的轉型：曼徹斯特的經驗，國際城市規劃，6，取自http://cn.upi-planning.org/detail.asp?articleID=1864

陳學明（1994），西方馬克思主義的探索，臺北：唐山

陳學明（1996），文化工業，臺北：揚智

陳郁秀（2006），鈴蘭清香：陳郁秀的人生行履，臺北：天下文化

陳郁秀（2011），看見高雄文創巧實力，高雄畫刊縣市合併NO.3，高雄：高雄市政府新聞局

陳朝興（1997），藝術產業的新貌整合和策略，1997藝術產業及藝術品經營系列演講活動之演講專輯，臺北：中華民國畫廊協會

陳其南（2006），臺灣博物館文化史：文化、政治與認同，演講摘要，國際博物館管理委員會臺北年會，臺北世貿中心

陳茹萍（2009），城市・節慶・藝術：論高雄國際貨櫃藝術節，臺

北：國立師範大學藝術行政與管理研究所碩士論文（未出版）

陳國寧（2004），臺灣的博物館列車，臺灣博物館名錄，臺北：中華民博物館學會

郭為藩（2009），全球視野的文化政策，臺北市：心理，p.32

郭漢辰（2011），與我一同走入萌城市，大城小鎮混搭風，高雄畫刊縣市合併NO.5，高雄：高雄市政府新聞局

曾梓峰（2002），打造高雄新故鄉，相遇新高雄：海洋首都的蛻變與躍升，p.93-95，臺北：新自然主義

馮忠恬（2011），閒置空間再利用——URS都市再生回歸意義建構，MOT/TIMES線上誌，取自：http://www.mottimes.com/cht/article_detail.php?type=1&serial=18

傅朝卿（2001），推動閒置空間再利用，推動閒置空間再利用國際研討會會議實錄，南投：行政院文化建設委員會，p.1-10

張譽騰（2007），臺灣的文化政策與博物館發展，研習論壇月刊第七十三期，p.28-31

葉振輝（1999），續修高雄市志卷九文化志文化事業篇，高雄：高雄市文獻委員會

榮芳杰（2009），歐洲文化首都的十個關鍵字，Traveler LUXE旅人誌，第四十六期，三月號，臺北：墨刻出版股份有限公司，pp.66-69

蔣忠益、曾玉昆（1997），續修高雄市志卷九文化志文獻篇名勝古蹟篇，高雄：高雄市文獻委員會

駁二藝術特區（2014），關於駁二，2014/03/05取自：http://pier-2.khcc.gov.tw/content/about/about01.aspx

劉少杰（1993），馬庫塞：批判與重建，臺北：唐山

賴素玲（2007），資源共享文物館結盟創生機，2月11至13日，聯合報系列報導

賴聲川（2006），賴聲川的創意學，臺北：天下出版

龍協濤（1997），讀者反應理論，臺北：揚智

簡瑞榮（1997），文化政策與藝術教育，藝術教育學會會刊

蘇明如（2001），90年代臺灣文化產業生態之研究，南華大學美學
與藝術管理研究所碩士論文（未出版）

蘇明如（2002），關注文化產業：21世紀臺灣城鄉文化產業資源整
合南區調查研究案，臺北：國家文化藝術基金會獎助案（未出
版）

蘇明如（2004），解構文化產業，高雄：春暉出版社

蘇明如（2010），殖民、國族、現代、社群：百年臺灣博物館文化
政策窺探（1908-2010），科技博物，第十四卷第二期，p.45-
66

蘇明如（2014），文化觀光，臺北：五南圖書出版社，p.004-007

二、英文部分

American Association of Museums. (2010). *Museums Without Borders*. L.A.: American Association of Museums.

Bennett, T. (1992). *Putting Policy into Cultural Studies*. New York: Routledge: 23-37.

Bennett, T. (2000). Acting on the Social: Art, Culture, and Government, *American Behavioral Scientist. 43:* 1412-1428.

Denzin, N. K. & Linclon, Y. S. (2005). Introduction: The discipline and practice of qualitative research.In K. D. Denzin & Y. S. Lincoln (Eds.), *Handbook of Qualitative Research* (3rd ed.) (pp.1-32).

García, B. (2004).Urban Regeneration, Arts Programming and Major Events: Glasgow 1990, Sydney 2000 and Barcelona 2004〉.*International Journal of Cultural Policy*. Volume 10 No. 1: 103-118.

Haksoon, Y. (2002). Cultural identity and cultural policy in South Korea. *International Journal of Cultural Policy.* Volume 8 No. 1,

37 - 48.

The Department of Justice Canada. (2011). *Canadian Multiculturalism Act.* Retrieved from http://laws.justice.gc.ca/eng/acts/C-18.7/page-1.html

The Department of Canadian Heritage. (2011). *Multicultural Canada:* Retrieved from http://multiculturalcanada.ca/Background

The International Council of Museums. (2010). *History of ICOM. ICOM: The World Museum Community:* Retrieved from http://icom.museum/who-we-are/the-organisation/history.html

Nelson, G (2012), Ancient and Modern: The Alaska Collections at the Hearst Museum of Anthropology, *Museum Anthropology.* Volume 35, Issue 1, pages 58-70.

Pratt, A.C. (2008), Creative Cities: The Cultural Industries and The Creative Class, Geografiska Annaler: Series B, *Human Geography 90(20)*:107-117.

United Nations Educational,Scientific and Cultural Organization. (2002). *UNESCO Universal Declaration on Cultural Diversity.* 2002 - UNESCO - Education: Retrieved from http://www.unesco.org/education/imld_2002/unversal_decla.shtml

United Nations Educational,Scientific and Cultural Organization. (2005). *Convention on the Protection and Promotion of the Diversity of Cultural Expressions 2005.* UNESCO: Retrieved from http://portal.unesco.org/en/ev.php-URL_ID=31038&URL_DO=DO_TOPIC&URL_SECTION=201.html

United Nations Educational,Scientific and Cultural Organization. (2011). *Marking of the Tenth Anniversary of the UNESCO Universal Declaration on Cultural Diversity.* UNESCO.ORG: Retrieved from Retrieved from http://unesdoc.unesco.org/images/0012/001271/127160m.pdf

United Nations Educational,Scientific and Cultural Organization. (2016) *UNESCO Creative Cities Network.* https://en.unesco.org/creative-cities/

Scott, A. (2006), Creative Cities: Conceptual Issues and Policy Questions, *Journal of Urban Affairs, 28*(1), 1-17.

McGuigan, J. (1996). *Culture and the Public Sphere.* New York: Routledge.

Moss, L. (2005). Biculturalism And Cultural Diversity: How far does state policy in New Zeeland and the UK seek to reflect, enable or idealise the development of minority culture? . *International Journal of Cultural Policy,* Volume 11,187-197.

World Tourism Organisation .(1985). *The State's Role in Protecting and PromotingCulture as a Factor of Tourism Development.* Madrid.: Retrieved from http://www2.unwto.org/en/press-release/2013-11-28/unwto-and-unesco-join-hands-sustainable-tourism-promotion

World Tourism Organization.(2014). *World Tourism Day:* Retrieved from http://wtd.unwto.org/en/node/28888

Zukin, S. (1995). *Whose Culture? Whose City? The Cultures of Cities.* Cambridge: Blackwell Publishers.p.253,261.

Pilsen-Tourism (2015). *City of Pilsen European Capital of Culture 2015* .Pilsen-Tourism.

Note

Note

家圖書館出版品預行編目資料

文創與城市：論臺灣文化創意產業與城市文創
觀光 / 蘇明如著. -- 初版. -- 臺北市：五
南, 2016.04
　面；　公分

ISBN 978-957-11-8557-6(平裝)

1. 文化產業 2. 文化觀光 3. 臺灣

91.2933　　　　　　　105003893

1LAB　五南當代學術叢刊

文創與城市
論臺灣文化創意產業與城市文化觀光

作　　者 — 蘇明如

發 行 人 — 楊榮川

總 經 理 — 楊士清

副總編輯 — 黃惠娟

責任編輯 — 蔡佳伶

封面設計 — 陳翰陞

出 版 者 — 五南圖書出版股份有限公司

地　　址：106台北市大安區和平東路二段339號4樓

電　　話：(02)2705-5066　　傳　真：(02)2706-6100

網　　址：http://www.wunan.com.tw

電子郵件：wunan@wunan.com.tw

劃撥帳號：01068953

戶　　名：五南圖書出版股份有限公司

法律顧問　林勝安律師事務所　林勝安律師

出版日期　2016年 3 月初版一刷
　　　　　2017年 8 月初版三刷

定　　價　新臺幣380元

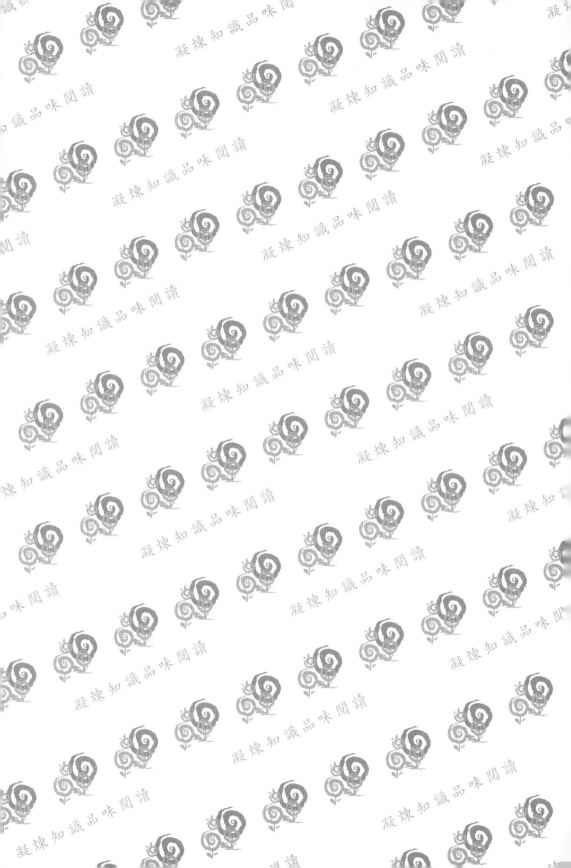